Jasmin Jost

Wir erobern den Zahlenraum bis 10

Fördermaterialien zum sicheren Erwerb von Rechenstrategien

Gedruckt auf umweltbewusst gefertigtem, chlorfrei gebleichtem und alterungsbeständigem Papier.

1. Auflage 2007
© Persen Verlag GmbH, Buxtehude

4. Auflage 2013
© Persen Verlag, Hamburg
AAP Lehrerfachverlage GmbH
Alle Rechte vorbehalten.

Das Werk als Ganzes sowie in seinen Teilen unterliegt dem deutschen Urheberrecht. Der Erwerber des Werkes ist berechtigt, das Werk als Ganzes oder in seinen Teilen für den eigenen Gebrauch und den Einsatz im Unterricht zu nutzen. Die Nutzung ist nur für den genannten Zweck gestattet, nicht jedoch für einen weiteren kommerziellen Gebrauch, für die Weiterleitung an Dritte oder für die Veröffentlichung im Internet oder in Intranets. Eine über den genannten Zweck hinausgehende Nutzung bedarf in jedem Fall der vorherigen schriftlichen Zustimmung des Verlages.

Sind Internetadressen in diesem Werk angegeben, wurden diese vom Verlag sorgfältig geprüft. Da wir auf die externen Seiten weder inhaltliche noch gestalterische Einflussmöglichkeiten haben, können wir nicht garantieren, dass die Inhalte zu einem späteren Zeitpunkt noch dieselben sind wie zum Zeitpunkt der Drucklegung. Der Persen Verlag übernimmt deshalb keine Gewähr für die Aktualität und den Inhalt dieser Internetseiten oder solcher, die mit ihnen verlinkt sind, und schließt jegliche Haftung aus.

Grafik: Dietmar Jost, Georg Wieborg (Cover)
Satz: MouseDesign Medien AG, Zeven

ISBN 978-3-8344-**3523**-1

www.persen.de

Inhalt

Vorbemerkungen 4

Inhalte und Prinzipien der Übungen im Zahlenraum bis 10 6

Fünf Übungseinheiten zur Eroberung des Zahlenraums bis 10

Übungseinheit 1:
Einführung der Kennbilder 11

Übungseinheit 2:
Übungen zur Zahlergänzung und Zahlzerlegung 15

Übungseinheit 3:
Rechnen lernen 20

Übungseinheit 4:
Automatisierung der Additions- und Subtraktionsaufgaben im Zahlenraum bis 10 28

Übungseinheit 5:
Rund um die Zehn 33

Kopiervorlagen zu den fünf Übungseinheiten 40

Vorbemerkungen

Inhalt dieses Bandes ist es, das Kind beim Erwerb des ersten, für die Bewältigung mathematischer Fragestellungen wichtigen Werkzeugs erfolgreich zu unterstützen: Die **Automatisierung der Grundaufgaben im Zahlenraum bis 10**.
Dieses Werkzeug ist eine wichtige Voraussetzung, um sich später mit komplexeren Aufgaben und Fragestellungen beschäftigen zu können.

Die Unterrichtsmaterialien habe ich zunächst für die Arbeit mit rechenschwachen Grundschulkindern in einer Beratungsstelle sowie für meinen täglichen Mathematikunterricht in der Unterstufe der Förderschule erstellt.
In meiner Arbeit wurde ich von verschiedenen Konzepten gleichermaßen geprägt insbesondere von *Herrn Prof. Gerster* und *Frau Elfriede Jakob* bezüglich der Strategien zur Automatisierung, der Blickübungen sowie dem Teil-Ganzes-Konzept und von *Frau Dr. Andrea Schulz* bezüglich der Zahlmengendarstellungen sowie der Handlungsvorstellung zu Addition und Subtraktion. Auch die Arbeit von *Herrn Prof. Preiß* hat mich in vielerlei Hinsicht angeregt.
Allerdings hatte ich immer das Problem, kein geeignetes systematisch aufgebautes Material zu finden, das deren beider Grundgedanken berücksichtigt und auch im Klassenverband verwendet werden kann.
Deshalb habe ich begonnen, die für mich wesentlichen Prinzipien miteinander zu verbinden und daraus Kopiervorlagen für meinen Unterricht sowie Übungsmaterialien für die Wochenplanarbeit und für die Hand der Eltern für folgende **Zielgruppen** herzustellen

➡ Kinder an Sonderschulen mit allgemeinen Lernschwierigkeiten
➡ Kinder an Grundschulen mit Lernschwierigkeiten im Rechnen

Mithilfe der konstanten Mengenbilddarstellungen und den passenden Übungen wird das einzelne Kind unterstützt, sich vom zählenden Rechnen zu lösen bzw. gar nicht zum zählenden Rechnen verleitet zu werden (in Piratensprache hieße das „ins Niemandsland gelenkt zu werden").

Kinder mit Lernschwierigkeiten benötigen zunächst – sozusagen als „Rettungsanker" – strukturierte Mengendarstellungen, mit denen sie sich von der begrenzten und fehlerhaften Strategie des Zählens lösen können. Mit diesen Kennbildern lernen Kinder im Anfangsunterricht Mathematik Zahlen als gegliederte Mengen kennen, an denen beim Rechnen dann Handlungen vorgenommen werden (Addition, Subtraktion).

Diese strukturierten Mengendarstellungen
- können bis in den hohen Zahlenraum hinein genutzt werden,
- machen Strategien, Strukturen und Analogien sichtbar,
- knüpfen an bekanntes Wissen der Kinder an,
- sind quasi-simultan erfassbar und
- verleiten deshalb *nicht* zum Zählen,
- machen das Stellenwertsystem deutlich,
- berücksichtigen die 5er-Strukturierung,
- bieten eine Darstellung, in die das Kind zu ergänzende Mengen und Teilmengen *hineinsehen* kann, und
- ermöglichen letztendlich als visuelle Stütze eine Entlastung des Arbeitsgedächtnisses.

Vorbemerkungen

Anmerkung: Um auf die Rahmenhandlung dieser Unterrichtshilfe einzustimmen, fließen Vergleiche aus dem Piratenthema in die Erläuterungen mit ein. Sie stehen immer in Redezeichen, z. B. „Rettungsanker", „Schatzsuche".

Das **Hauptziel** ist, durch Überwindung der im Schaubild aufgeführten Hürden zunächst eine Automatisierung des Zahlenraums bis 10 (und dann als nächsten Schritt bis 20) als automatisiertes, nicht mechanisiertes Wissen zu erreichen. So haben die Kinder den Überblick und können „die Aussicht genießen".

Um die unten im Schaubild aufgeführten Ziele zu erreichen, werden auf den folgenden Seiten systematisch aufeinander aufbauende Übungen angeboten.

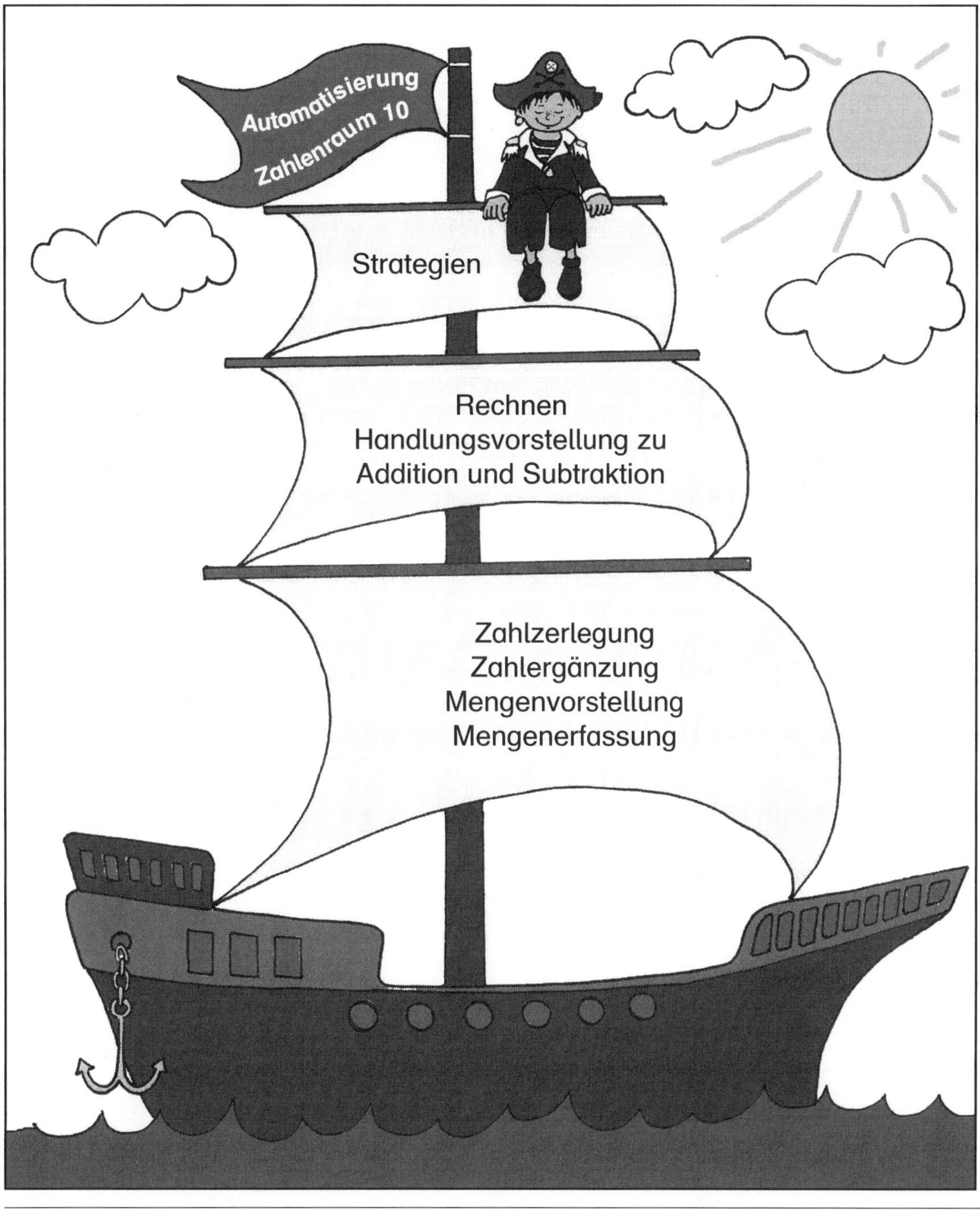

Inhalte und Prinzipien der Übungen im Zahlenraum bis 10

Übersicht über fünf Übungseinheiten zur strukturierenden Mengenerfassung der Würfelbilder

Ab S. 11   1. *Einführung der Kennbilder*
(Übungen zur strukturierenden Mengenerfassung in Form von Würfelbilddarstellung)

Ab S. 15   2. *Übungen zur Zahlergänzung und Zahlzerlegung*

Ab S. 20   3. *Rechnen lernen*
(Übungen zur Entwicklung einer Handlungsvorstellung zu Addition und Subtraktion mit den Modellen Piratenschiff und Insel)

Ab S. 28   4. *Automatisierung der Additions- und Subtraktionsaufgaben im Zahlenraum bis 10*
4.1 Kennenlernen kleiner Rechentricks: Erste kleine Strategien als Hilfe zur Automatisierung des Eins-und-Eins (+1, -1, +2, -2, Tauschaufgaben, Passerzahlen zur Zehnersumme)
4.2 Automatisierungstraining zur raschen und sicheren Abrufbarkeit des kleinen Eins-und-Eins

Ab S. 33   5. *Rund um die Zehn*
5.1 10 Minusaufgaben (Abziehen von der 10 mithilfe von Würfelbilddarstellung)
5.2 Kennenlernen größerer Zahlen (Einfache Übungen zur Invarianzerfassung Fünfer – Zehner/Zehn als Doppelfünf)
5.3 Passeraufgaben und Minusaufgaben mit Zehnerstangen (Wegnehmen von der 10 als Zehnerstange)

Wichtige Begrifflichkeiten, Materialien und Prinzipien für die Arbeit im Unterricht

1. **Material: Einer-Würfel und Zehnerstangen (Dienes-Material)**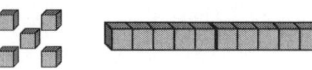

Vorteile:
- Der Stellenwert wird deutlich, die Schreibweise von Zehnern und Einern kann dargestellt werden.
- Durch Abbinden einer Zehnerstange mit einem (roten) Faden in der Mitte kann anschaulich verdeutlicht werden, dass in einer Zehnerstange zwei Fünfer bzw. eine Doppelfünf enthalten sind.
- ikonisch gut darstellbar
- bis in den großen Zahlenraum hinein verwendbar
- Rechenstrategien werden sichtbar
- nicht teuer

2. Material: Kennbilder (Würfelbilder im Zahlenraum bis 10) (siehe S. 11–14)

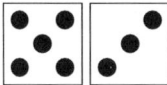 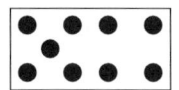

Vorteile:

- Anknüpfen an Bekanntem: Damit das Erlernen von neuen Inhalten mit Freude und Erfolg stattfinden kann, ist es wichtig, an bestehendes Vorwissen anzuknüpfen. Deshalb stellt die Arbeit mit Würfelbildern im Anfangsunterricht Mathematik einen sinnvollen Einstieg dar. Das figurale Würfelbild der Fünf ist den Kindern vertraut und durch die räumliche, strukturierte Anordnung der einzelnen Punkte (Punkt in der Mitte) auch quasi-simultan erfassbar.
  Eine Erfassung von starr linear angeordneten 5 Punkten ist für das Auge dagegen kaum möglich. Zählende Rechner erfassen oftmals die Fünferdarstellung in der linearen Darstellung noch nicht und können sie deshalb auch nicht sinnvoll nutzen. Bei Rechenaufgaben wird lediglich, wie mit den Fingern, von einer Position zur nächsten gezählt, da das Kind sich Zahlen noch nicht gemäß dem Teil-Ganzes-Prinzip als Zusammensetzung aus anderen Zahlen vorstellen kann.
  Durch die strukturierte Anordnung der Würfelbilddarstellung kann das Kind hingegen Mengen *sehen lernen,* es kann Zahlen als gegliederte Quantitäten erfassen und Rechenoperationen als Handlungen bzw. Veränderungen an diesen Mengen begreifen.

- Aufgrund der immer wiederkehrenden gleichbleibenden Mengendarstellung der einzelnen Zahlen wird es dem Kind möglich, diese Zahlvorstellung abzuspeichern und Zahlbeziehungen entdecken zu können. Ebenso wird das für viele Kinder oft eingeschränkt nutzbare Arbeitsgedächtnis durch die visuelle Unterstützung entlastet.

- Die Zahlen 6 bis 10 werden aufbauend auf dem Würfelbild der 5 dargestellt, um die in unserem dekadischen Zahlensystem wichtige 5er-Strukturierung von Anfang an zu berücksichtigen.
  Bei entsprechender Hilfestellung zeigen die Kinder später keine Schwierigkeiten, den Transfer von der Würfelbilddarstellung zur linearen Darstellung zu leisten, können diese dann auch strukturierend erfassen, anstatt abzuzählen.

- Durch bestimmte Übungen lernen sie die Zehn als „Doppelfünf" begreifen (Mengeninvarianz).

- Meiner Meinung nach ist die Vorgabe einer Struktur, eines Kennbildes zu Zahlen für Kinder mit Lernschwierigkeiten unbedingt berechtigt und hilfreich. Oftmals haben es die Kinder von sich aus nicht geschafft (häufig über Jahre hinweg), eine eigene strukturierte Vorstellung zu Zahlen zu entwickeln. Die Kennbilder geben sozusagen als „Rettungsanker" Orientierung und Sicherheit und verhindern somit, dass das Kind „untergeht".
  Diese Sicherheit führt langfristig dazu, dass das Kind bereit wird, sich auf neue Inhalte einzulassen, sich selbst etwas zuzutrauen und allmählich auch kreativ mit mathematischen Inhalten umgehen möchte. Das Entdecken von Strukturen und Gesetzmäßigkeiten wird ermöglicht.
  Mithilfe des visuellen Mengenbildes wird zudem die häufig eingeschränkte Kapazität des Arbeitsgedächtnisses entlastet, da das Kind immer wieder auf diese inneren Bilder zurückgreifen kann. Deshalb verhindern die strukturierten Mengendarstellungen keineswegs eine aktive und kreative Auseinandersetzung mit mathematischen Inhalten! Vielmehr wird erst auf der Basis dieser gesicherten Vorstellungsbilder der Erwerb mathematischer

Inhalte und Prinzipien der Übungen im Zahlenraum bis 10

Kompetenzen möglich. Das Entdecken und Erproben einer geeigneten Lösungsstrategie, das Schätzen von größeren Mengen und auch das Erfassen anders dargestellter Mengen können auf Basis dieser sinnvollen Mengenvorstellung entwickelt werden.

Für einen effektiven Umgang mit den Mengendarstellungen ist es wichtig, dass die **Kennbilder** (s. S. 11) im allerersten Schritt gesichert abgespeichert werden und schnell aus dem Gedächtnis abgerufen werden können.

3. Aufgabentyp: Blitzblickaufgaben mit Blickkärtchen

- Für die Entwicklung eines mathematischen Verständnisses ist es wichtig, vielfältige Übungen auf allen drei Repräsentationsebenen (konkret, ikonisch, symbolisch) anzubieten und Verbindungen zwischen diesen Abstraktionsniveaus herzustellen.
Die statischen Darstellungen von Mengen und Rechenaufgaben auf den Arbeitsblättern sollen als Bindeglied zwischen dem konkreten, handelnden Umgang mit Mengen und der abstrakten Ebene (Ziffern) dienen. Sie stellen sozusagen eine Brücke zwischen der konkreten Menge/Handlung und der reinen Vorstellung dar.
Werden den Schülern Blickkarten gezeigt, z. B. in Form von Kennbildern, dann sollen die Schüler auf einen Blick bzw. schnell wie ein Blitz erfassen, welche Menge abgebildet ist. Als Hilfe kann den Schülern zu Beginn der Arbeit ein Raster angeboten werden, in das sie das gesehene Würfelbild einzeichnen können.
Ziel ist, dass das Kind sich allmählich von der konkreten Anschauung lösen kann, sich aber gleichzeitig immer auch der hinter den abstrakten Ziffern und Operationen stehenden Mengen bewusst ist. Deshalb ist wichtig, immer wieder die visuelle Mengendarstellung anzubieten, um sich über diese Vorstellung letztendlich auch vom zählenden Rechnen lösen zu können.
Mithilfe von Blickkarten ist es außerdem möglich, Gesetzmäßigkeiten zu entdecken (z. B. Analogien) und Zahlen als Zusammensetzungen von Teilmengen zu verstehen.

- Nach meiner Meinung ist es einerseits wichtig, mithilfe der Blickübungen nicht nur das Teil-Ganzes-Konzept (im Sinne von Prof. Gerster) sichtbar zu machen. Dies ist z. B. über eine unterschiedliche farbige Markierung der Punkte möglich. So kann z. B. die Gleichung 9 + 1 = 10, wie rechts abgebildet, „auf einen Blick" dargestellt werden.
Anderseits sollten Rechenoperationen, d. h. Handlungen, nicht nur als rein statisches Ergebnis festgehalten werden, sondern die Eigenschaften von Addition („es kommt etwas hinzu") und Subtraktion („von einer Anfangsmenge wird eine Teilmenge weggenommen") sollen mithilfe der Modelle Insel und Schiff angedeutet werden (in Anlehnung an Frau Dr. Schulz).

- Neben dem Einsatz der Blickkarten sollte das Kind immer auch konkrete Erfahrungen zu Addition und Subtraktion mithilfe des didaktischen Materials machen können. Das Handlungsrechnen, die Blickkarten sowie die symbolische Ebene (Ziffern) sollten immer wieder miteinander in Beziehung gesetzt, verknüpft werden.

4. Einbeziehung möglichst vieler Lernkanäle

Grundsätzlich sollte man darum bemüht sein, möglichst viele *Kanäle* in die Förderung einzubeziehen, da die Entwicklung von Vorstellungsbildern nicht nur visuell, sondern über alle Sinne passiert. Deshalb ist es hilfreich, vielfältige Möglichkeiten zu nutzen, um das Kind bei der Entwicklung von Zahlvorstellungen und deren Verankerung im Gedächtnis optimal unterstützen zu können, z. B.
- Fühlkarten
- Rechensack
- Instrumente/Bewegungselemente
- Würfelbildteppiche
- Würfelschiffe zum handelnden Umgang mit Mengen usw.

Diese zusätzlichen Fördermaterialien werden in den Anmerkungen zu den Übungen größtenteils erwähnt.

5. Umgang mit Fehlern – Einsatz der Figur des Herrn Schummel

Fehler sind beim Lernen natürliche und sinnvolle Bestandteile, da sie aufschlussreiche Einblicke in die Denkweisen der Schüler geben. Ebenfalls bieten sie Anlass zur Reflexion. Deshalb taucht immer wieder die kindgerechte Figur des **Herrn Schummel** mit versteckten Fehlern auf und motiviert die Schüler, die dargestellten Aufgaben und Lösungen nochmals zu überdenken.

6. Kindgerechtes Rahmenthema Piraten

Positive Lernerfahrungen und viel Freude sind die Grundvoraussetzungen für das Lernen. Deshalb sind die Übungsangebote in das kindgerechte Rahmenthema Piraten eingebettet, das aufgrund seiner Inhalte (Edelsteine, Schatz etc.) die Kinder in besonderem Maße anspricht und neugierig macht.
Ich möchte jedoch betonen, dass dieses Rahmenthema nicht als Ersatz für authentische Situationen betrachtet werden darf! Grundsätzlich sollten die Schüler parallel die Möglichkeit erhalten, ihre Alltags- und Umwelterfahrungen unter mathematischen Fragestellungen zu betrachten und sich mit realen Problemen zu befassen.

Hauptfigur ist hier ein **Piratenjunge**, der die Recheninsel bereist und dort Abenteuer erlebt (z. B. findet er eine Schatzkiste als Einstieg in die Zahlzerlegung). Der kleine Pirat muss ebenfalls Prüfungen bestehen (z. B. Blitzblickaufgaben, Strategien erkennen, Mengen ordnen usw.).
Daneben gibt es, wie unter Punkt 5 bereits erwähnt, Herrn Schummel, der dem Piraten immer wieder einen Streich spielen will und dadurch die Kinder zum Nachdenken anregt (z. B. schummelt er falsche Aufgabentypen bei den Strategien).
Als Motivation habe ich für das Piratenthema häufig 3 Handpuppen im Einsatz: Einen kleinen Piraten, Herrn Schummel sowie eine diebische Elster. Gerne schlüpfen auch Kinder meiner Klasse in diese Figuren, sodass immer wieder schöne Rollenspiele entstehen, die zu Sprechanlässen führen und deshalb sehr zum Mathematikunterricht beitragen.

Inhalte und Prinzipien der Übungen im Zahlenraum bis 10

7. Gemeinsame (gleichzeitige) Einführung der Kennbilder von 1 bis 10

Bewusst wird bei der Einführung der Mengenbilder darauf verzichtet, die Zahlen bis 10 kleinstschrittig hintereinander einzuführen. Vielmehr ist es wichtig, dass die Schüler beim Kennenlernen der Mengenbilder bis 10 bereits erste Strukturen und Beziehungen entdecken, die für mathematisches Lernen wichtig sind (beispielsweise die Zehn als Doppelfünf).
Sind Ihre Schüler auch auf größere Zahlen neugierig, sollten Sie ihnen diese nicht verweigern, sondern unbedingt mithilfe der strukturierten Mengenbilddarstellung präsentieren, um diese Neugier und das Selbstbewusstsein zu stärken.

Beispiel: 16

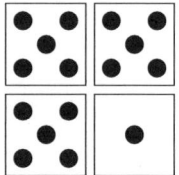

Um eine Automatisierung der Grundaufgaben im Zahlenraum 10 zu ermöglichen, halte ich es für sinnvoll, die systematisch aufeinander aufgebauten Übungsangebote in der beschriebenen Reihenfolge durchzuführen.

8. Kopiervorlagen

In den 5 Übungseinheiten finden Sie an vielen Stellen Verweise auf Kopiervorlagen **KV**, die Sie in Ihren Unterricht integrieren können. Einige Kopiervorlagen werden durch **Blanko**vorlagen ergänzt, sodass Sie individuelle Aufgaben für Ihre Schüler eintragen können und diese noch mehr Übungsmöglichkeiten haben.
Die Kopiervorlagen für die Lehrerhand sind teilweise mit hilfreichen Anmerkungen „auf Zetteln" (siehe z. B. S. 40) versehen, die vor dem Kopieren überklebt bzw. nicht mitkopiert werden sollten.

Fünf Übungseinheiten zur Eroberung des Zahlenraums bis 10

Übungseinheit 1: Einführung der Kennbilder

Bevor Sie die strukturierten Würfelbilddarstellungen zum sinnvollen Rechnen einsetzen können, müssen diese den Kindern vertraut und aus dem Gedächtnis als Kennbilder für die einzelnen Zahlen bzw. Mengen abrufbar sein.

Kennbilder verstehe ich als strukturierte, konstante Mengenbilddarstellungen. Nur wenn das Kind konsequent immer wieder diese Darstellungen angeboten bekommt, kann es diese auch langfristig sinnvoll für das Rechnen nutzen.
Im ersten Schritt geht es deshalb darum, den Kindern die einzelnen Würfelbilddarstellungen vorzustellen und Übungen anzubieten, die das Erkennen und Abspeichern der Kennbilder festigen.

Ziel dieser ersten Übungseinheit ist, dass die Schüler die Würfelbilddarstellungen quasi-simultan erfassen, den entsprechenden Ziffern zuordnen, abspeichern und wieder abrufen können (Mengenvorstellung).

Zuvor ist es noch wichtig zu überprüfen, ob alle Schüler kleine unstrukturierte Mengen (bis 4) simultan sowie die gängigen Würfelbilder (bis 5) erfassen können, da diese die **Voraussetzung** für eine effektive Arbeit mit den Kennbildern sind. Beobachten Sie diesbezüglich noch Schwierigkeiten bei dem einen oder anderen Schüler, ist es wichtig, immer wieder auch Übungen zur simultanen Mengenerfassung kleiner unstrukturierter Mengen anzubieten (z. B. Muggelsteine unstrukturiert auf den Overhead legen, den Overhead kurz anmachen und dann fragen: „Wie viele Edelsteine habt ihr gesehen?").

Kennbilder für die Zahlen 1 bis 5 sind den Kindern in der Regel bereits vertraut, sodass an diesem bekannten Wissen angeknüpft werden kann. Die **Kennbilder für die Zahlen von 6 bis 10** bauen auf dem Würfelbild der Fünf auf, da die Fünferstrukturierung in unserem dekadischen Zahlensystem eine wichtige Bedeutung hat und man später so auch auf Zehnerstangen (als zwei „versteckte Fünfer") und den Hunderterraum übergehen kann.

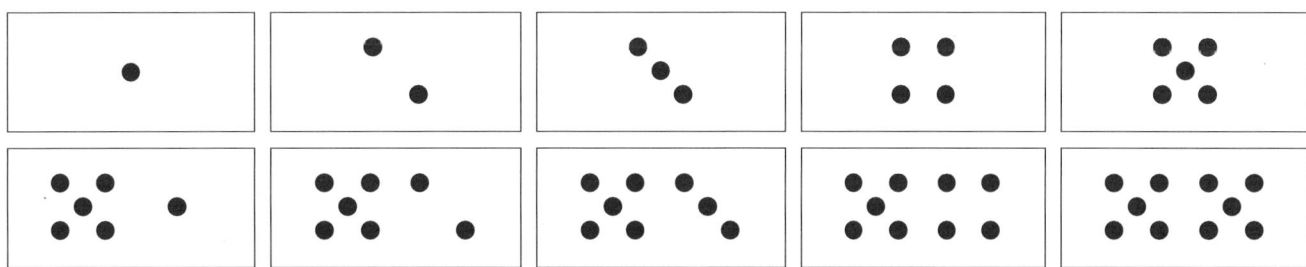

Anmerkungen zu den **KV 1/1–1/5** : Es ist zunächst sehr wichtig, die Kennbilder genau wie dargestellt anzubieten, um eine Orientierung zu ermöglichen und diese Mengenbilder abspeichern zu können. Später sollten die Schüler auch weitere Darstellungsvarianten (z. B. die Veränderung der räumlichen Lage) als die gleiche Menge erkennen können (Invarianz). Die Fünferstrukturierung sollte dabei grundsätzlich erhalten bleiben.

Übungseinheit 1 zur Eroberung des Zahlenraums bis 10

Bereits im Zahlenraum 10 lassen sich mit dieser Mengendarstellung Gesetzmäßigkeiten feststellen und Interessantes entdecken (beispielsweise: die Fünf ist in den Zahlen von 5 bis 10 „versteckt").

 Benötigtes Material
- Zehnerstangen *(Dienes-Material),* Einerwürfel oder Muggelsteine
- Tageslichtprojektor oder Magnettafel und Magnete
- KV Seite 40–50

Nützliches Zusatzmaterial für die ersten Übungen:
- Fühlkarten
- Teppichfliesen o. Ä. zum Auslegen der Würfelbilder auf dem Boden

 Übungen zur Einführung der Kennbilder

Einführung des Blitzsehens („Blitzblick") durch folgende Übungen:
(Anmerkung: Sollte gerade zu Beginn als täglich stattfindendes Ritual in den Unterricht eingebaut werden; mögliches Symbol: Pirat mit Fernrohr, Auge, ...)

➡ Mögliche verbale Anweisung an die Kinder: „Ich zeige euch jetzt gleich einen Schatz mit Edelsteinen. Eure Augen müssen ganz schnell – wie ein Blitz – hinschauen, wie viele Edelsteine in dem Schatz sind. ... Wie viele habt ihr gesehen? Wie habt ihr das so schnell gesehen?"
Die Schüler sollen die Gesamtmenge nennen und beschreiben, wie diese Menge gelegt war (z. B. 8 = ein Fünfer und ein Dreier).
KV 1/5

Variante:
- Die Kinder schreiben die entsprechende Ziffer auf oder halten eine Ziffernkarte nach oben usw. **KV 1/4**
- Die Kinder sollen eine Triangel oder ein anderes Instrument in der entsprechenden Häufigkeit schlagen, hüpfen o. Ä.

➡ Die Kinder erhalten „Edelsteine" oder Einerwürfel sowie die Bildvorlage Insel/Schatzkiste (**KV 1/6**) und sollen die gezeigte Menge genau so nachlegen, wie sie sie gesehen haben. Für viele Kinder ist dabei das Raster eine gute Strukturierungshilfe, um die Würfelbilder auch so legen zu können, dass „das Auge schnell sehen kann, wie viele es sind". Diese Übung fördert und fordert neben dem Einprägen des Kennbildes auch die allgemeine visuelle Aufmerksamkeit und insbesondere die Wahrnehmungsfähigkeit der Raum-Lage-Erkennung.
Wichtig dabei ist, die Kennbilder immer wieder von Kindern beschreiben zu lassen. Auch können Sie die Lage (z. B. „oben links, unten rechts") der einzelnen Edelsteine erfragen, die nachzulegen waren.

Variante:
Gedächtnisübung: Sie zeigen eine Menge, die dann in einem Sack verschwindet (der Sack wird zugemacht). Danach lenken Sie die Aufmerksamkeit Ihrer Schüler auf etwas

Übungseinheit 1 zur Eroberung des Zahlenraums bis 10

anderes. Welches Kind kann Ihnen anschließend dennoch die Menge aus der Vorstellung heraus nachlegen?
KV 1/7

➡ Nachdem Ihre Schüler die Edelsteine konkret nachgelegt haben, teilen Sie ihnen als nächste Übung die *Blitzblick* Kopiervorlagen (KV 1/8) aus. Hier haben die Kinder zuerst die Aufgabe, die Mengen, die Sie ihnen als Kennbilder zeigen, nachzumalen. Anschließend lassen Sie die Kennbilder (groß kopiert) an der Tafel nach der Größe ordnen, beginnend mit der kleinsten Menge. Als Motivation für Ordnungsübungen und zur Einführung der Symbole > und < dient ein Vogel bzw. eine diebische Elster (Handpuppe), die im Piratenthema natürlich die größten Schätze (mit den meisten Edelsteinen) klaut und deshalb ihren Schnabel immer zum größten Schatz hin öffnet.
Zum Üben und Vertiefen eignen sich die KV 1/9 (+ Blankoseite) für individuelle Differenzierungsaufgaben.

➡ Als große Motivation für die Kinder sowie als guten Einstieg, Aufgaben und Lösungen nochmals von den Kindern überdenken und versprachlichen zu lassen, hat sich der *Herr Schummel* herausgestellt.
Herr Schummel (Handpuppe) sorgt für Unordnung, mogelt Fehler ein, die von den Kindern aufgespürt und korrigiert werden sollen.
Bei der Aufgabe, die Mengen zu ordnen, könnte Herr Schummel z. B. Unordnung stiften, indem er die Mengenbilder wieder durcheinanderbringt.
Herr Schummel sollte zum festen Bestandteil des Unterrichts werden und in regelmäßigen Abständen die Klasse besuchen.

Weitere Übungen zum Abspeichern der Kennbilder

➡ *Bewegung im Unterricht:* Die Kinder erhalten eine Karte, auf der entweder die Ziffer oder das Mengenbild zu sehen ist. Auf Musik laufen sie durch das Klassenzimmer und müssen, sobald die Musik stoppt, ihren Partner (der die entsprechende Mengenbild- oder Ziffernkarte besitzt) möglichst schnell finden.
Anschließend sollen sich alle Kinder entsprechend ihrer Kennkarte nach der Größe der Zahlen ordnen. KV 1/4

➡ *Sportunterricht:* Sie legen große Mengenbildkarten (DIN A 4) auf dem Boden aus, die ungeraden links, die geraden Zahlen rechts neben den *Fahrweg*.
Mit zwei Seilen wird ein *Wasserweg* gelegt, auf dem das Schiff (z. B. ein Rollbrett) vom Start zum Ziel gelangen soll. Auf seiner Fahrt soll der jeweilige *Pirat* sich die einzelnen *Schätze* einprägen und sie anschließend auf einer Schatzkarte eintragen (KV 1/10).
Auch hier kann Herr Schummel zwischendurch Unordnung stiften, indem er die einzelnen Kennbilder miteinander vertauscht oder sie wegnimmt.

➡ *Hüpfspiel:* Sie legen auf dem Boden die Würfelbilder mit Teppichstücken, kleinen Reifen oder einem anderen Material aus und lassen die Kennbilder erhüpfen und/oder mit Körperteilen „begreifen" (z. B. 4 = auf allen Vieren). Dabei sind der Fantasie Ihrer Schüler keine Grenzen gesetzt und es gibt keine falschen Ideen. Dass hier lediglich in Zweierschritten gehüpft werden kann, ist nicht relevant. Über die motorische Erarbeitung der Kennbilder erhält die Mengenvorstellung nochmals eine zusätzliche „Verankerung".

Übungseinheit 1 zur Eroberung des Zahlenraums bis 10

- *Fühlkarten:* Sie kleben aus Filz oder einem anderen gut zu ertastenden Material die Kennbilder auf einen glatten Untergrund auf und lassen diese Kennkarten von den Kindern erfühlen und anschließend nachlegen.
Über das Ertasten mit den Fingern wird die Mengenvorstellung zu den einzelnen Zahlen mithilfe eines zusätzlichen Sinneskanals (taktile Wahrnehmung) unterstützt.

- *Partner-Tippen:* Ein Kind tippt einem Partner die Kennbilder auf den Rücken (wie das Hüpfen, jetzt mit den Fingerkuppen), der dann die entsprechende Ziffer aufschreiben oder das Mengenbild aufmalen/legen muss.
Bei den größeren Zahlen (größer als 5) kann die erste 5 mit der flachen Hand angedeutet werden (nicht mehr die einzelnen Finger tippen, um Zeit zu sparen und um zu verdeutlichen, dass der erste Fünfer voll ist).

- Memory (Ziffer – Mengenbild) als Partnerspiel am Tisch
  KV 1/4

Tipp: Vielen Kindern klebe ich nach der ersten Lerneinheit diese Kennbilder auf ihren Tisch, damit diese immer wieder gesehen und somit abgespeichert werden können.

Übungseinheit 2 zur Eroberung des Zahlenraums bis 10

Übungseinheit 2: Übungen zur Zahlergänzung und Zahlzerlegung

In der Übungseinheit 1 haben die Schüler die Kennbilder für die einzelnen Zahlen als ganzheitliche Figuren kennengelernt und abgespeichert. Sie wissen jetzt, dass z. B. die Zahl 8 repräsentiert wird als Mengenbild „Fünf und Drei". Für jede Zahl besitzen Ihre Schüler nun ein bestimmtes strukturiertes Mengenbild, das sie auch aus ihrem Gedächtnis abrufen können sollten.

Ziel der Übungseinheit 2 ist es, den Kindern zu vermitteln, dass jedes dieser figuralen Mengenbilder sich auch aus einzelnen Teilmengen zusammensetzt, d. h. in unterschiedliche Teilmengen zerlegt werden kann (entsprechend dem Teil-Ganzes-Konzept).
Es ist sehr wichtig, dass Kinder Zahlen nicht nur als Positionen, wie z. B. in der Zahlwortreihe, verstehen lernen (Ordinalzahlaspekt), sondern vielfältige Übungsangebote erhalten, bei denen sie **Zahlen als Mengen begreifen** lernen, die wiederum aus einzelnen Teilmengen bestehen.

In diesem Übungsangebot werden allerdings nicht unstrukturierte Mengen in kleinere Teilmengen zerlegt (z. B. durch Schüttelboxen), deren Anzahl einige Kinder durch Abzählen bestimmen würden. Ziel ist vielmehr, in die bekannten gleichbleibenden Mengenbilder einzelne Teilmengen *hineinsehen* zu lernen, ohne diese zählend ermitteln zu müssen. Paralell dazu ist es natürlich sinnvoll, Zusatzmaterialien einzusetzen, wie z. B. Schüttelboxen.

Beispiel:

Durch die bestimmte strukturierte Darstellung entdecken die Kinder bereits bekannte Würfelbilder als Bestandteil der Gesamtmenge (schwarze Punkte: das Viererwürfelbild) und/oder die einzelnen Teilmengen sind bezüglich ihrer Anzahl noch quasi-simultan zu erfassen (graue Punkte: 3). Die Gesamtmenge sowie ihre möglichen Bestandteile sind somit als **Teil-Ganzes-Struktur** erfassbar.

Vor den Übungen zur **Mengenzerlegung** (d. h. aus einer Gesamtmenge werden Teilmengen ermittelt) werden in dieser Lerneinheit auch Übungen zur **Zahlergänzung** angeboten (eine Teilmenge ist gegeben und soll zu einer bestimmten Gesamtmenge ergänzt werden). Auch hier sind die Übungen so konzipiert, dass die Schüler sich mithilfe der strukturierten Würfelbildvorlagen die zu ergänzenden Zahlen als Mengen vorstellen können, anstatt von der Anfangszahl zur Endzahl hoch zählen zu müssen – wie es sehr oft bei Kindern mit Lernschwierigkeiten im Rechnen zu beobachten ist.

Beispiel:

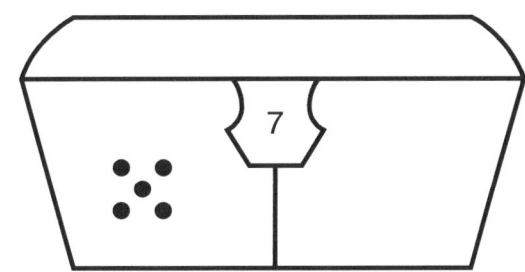

Übungseinheit 2 zur Eroberung des Zahlenraums bis 10

Bei der Aufgabe 5 + ____ = 7 hat das Kind das Kennbild der 7 als Würfelbild Fünf und Zwei abgespeichert und kann deshalb zur gegebenen Menge 5 das fehlende Mengenbild (2) *dazusehen*.

Mit den Übungen zur Zahlzerlegung und -ergänzung lernen die Kinder automatisch auch Platzhalteraufgaben kennen und verstehen.

 Benötigtes Material

- Muggelsteine in 2 Farben
- Magnettafel und Magnete in 2 Farben (oder Blitzblickkarten DIN A 4)
- 2 Säckchen sowie eine Schatzkiste zur Einführung
- KV S. 51–60

 Übungen zur Zahlergänzung

➡ Thematische Einbettung in das Piratenthema:
Da eine Schatzsuche mit einem Fund an Edelsteinen immer eine große Faszination auf Kinder ausübt, wähle ich als Einstieg zur Zahlergänzung einen Schatzfund, bei dem der Piratenjunge zwei Säcke mit Goldtalern und Edelsteinen findet und diese in seine Schatzkiste umschüttet (zwei Teilmengen werden zusammengefügt zu einer Gesamtmenge). Die Edelsteine werden dabei immer von den Kindern oder von der Lehrkraft aus dem Sack sofort in die strukturierte Würfelbilddarstellung (also ins Raster) gelegt, um nicht abzählen zu müssen, sondern quasi-simultan das Kennbild erfassen zu können, es zu *sehen*. Eine andere Möglichkeit besteht darin, den Schülern zuerst die Menge als Kennbild zu legen und dann anschließend diese Menge in den Sack zu werfen. Diese Variante bedeutet eine größere Anforderung an das einzelne Kind, da die entsprechende Menge als Kennbild im Gedächtnis abgespeichert und für das weitere Vorgehen jederzeit aus der Vorstellung heraus abgerufen werden muss.

➡ 1) Hinführung zur Ergänzung: Beim zweiten Fund zeigt der Pirat den Kindern nur noch den ersten Sack sowie die Gesamtmenge, die dann in der Schatztruhe liegt. Die Schüler haben die Aufgabe, die fehlende Teilmenge zu ergänzen.
An der Tafel bzw. am Overhead wird dazu die bekannte Teilmenge in der *Modellsprache*, d. h. als Kennbild dargestellt, sodass die Schüler diese strukturierte Würfelbilddarstellung als Anfangsbild *sehen* und die fehlende Menge in ihrer Vorstellung ergänzen können.

Beispiel:

   5 + ____ = 7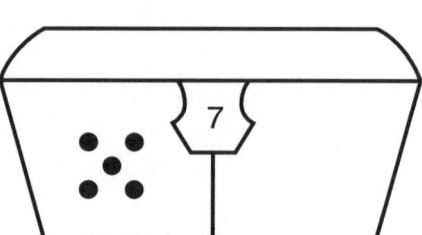

, **KV 2/1** (+ Blankoseite)
KV 2/2 (+ Blankoseite)

Ist den Kindern z. B. das Würfelbild der 7 als Kennbild vertraut, dann *sehen* sie z. B. bei dem Würfelbild der 5, „wie viele bis 7 fehlen (nämlich 2)". Das heißt, sie müssen nicht mehr von 5 zu 7 weiterzählen, sondern verstehen die zu ergänzende Zahl als eine Teilmenge.
Anschließend wird die Aufgabe (symbolische Ebene) unter die ikonische Darstellung geschrieben und nochmals verbalisiert.
2) In einem nächsten Schritt können Sie mit der ikonischen Darstellung an der Tafel starten und die Kinder können dazu die passende „Schatzsuche" erfinden, d. h. die gesuchte Aufgabe beschreiben lassen. Wichtig ist dabei, dass Ihre Schüler die Kennbilder immer wieder präsentiert bekommen, um die fehlenden Mengen dazu sehen zu können. Einigen Kindern hilft es, wenn man ihnen auf ihren Tisch die einzelnen Kennbilder klebt, damit sie diese ständig vor Augen haben.
3) Beobachten Sie bei der Bearbeitung der Kopiervorlagen, wie die einzelnen Schüler vorgehen. Zählt ein Kind die Punkte der Kennbilder noch ab, so ist es wichtig, diesem Kind nochmals Übungen aus Übungseinheit 1 anzubieten, um die Kennbilder strukturierend erfassen zu können.
4) Der Besuch von Herrn Schummel stiftet Unordnung, da er in einen Goldsack eine falsche Menge gesteckt hat, sodass die Kinder die Gesamtmenge korrigieren müssen.

Weitere Übungen zur Zahlergänzung

➡ *Fühlkarten:* Die Kinder sollen eine Menge erfühlen und zur gesuchten Menge ergänzen.
➡ *Arbeit mit einer Balkenwaage/Kleiderbügelwaage:* In eine Schale der Waage wird die gegebene Teilmenge („Goldklumpen") gelegt, in die andere die Gesamtmenge – die Schüler sollen überprüfen, wie viel in der ersten Schale fehlt, damit die Waage „ins Lot" kommt.
➡ *Hände:* Sie haben in beiden Händen eine bestimmte Menge an Edelsteinen und öffnen eine Hand, während Sie die Gesamtsumme (Menge beider Hände zusammen) nennen: „Wie viele Steine sind in der zweiten Hand versteckt?"
Wichtig ist, die einzelnen Mengen parallel zum Zeigen als Würfelbild zu beschreiben (z. B. 8 Steine – es liegt also ein Fünfer und ein Dreier ...).

Übungen zur Zahlzerlegung

➡ Thematische Einbettung in das Piratenthema:
Der Pirat hat einen Schatz mit roten und gelben Edelsteinen gefunden und bewahrt diese in seinen Schatzkisten auf. Er möchte natürlich wissen, wie viel rote, wie viel gelbe Steine er gefunden hat und wie viele es insgesamt sind.
Die Kinder erhalten „Edelsteine" (Muggelsteine) in 2 Farben sowie die **KV 2/3–2/4**.

1) Blitzblickaufgaben: Sie zeigen den Kindern ein Kennbild mit den roten und gelben Magneten an der Tafel. Die Kinder sollten dabei die Möglichkeit erhalten, die abgespeicherten Würfelbilder *sehen* zu können, anstatt von Neuem die einzelnen Teilmengen strukturieren zu müssen, wenn diese als Würfelbild dargestellt werden können.

Übungseinheit 2 zur Eroberung des Zahlenraums bis 10

Beispiel:

Nicht so:    So:    ➡ 7 = 6 + 1

Im *linken Beispiel* erkennt das Kind das Würfelbild der 6 als Fünf und Eins (die räumliche Lage des einen Punktes ist nicht relevant, wichtig ist die Struktur).
Im *rechten, nicht hilfreichen Beispiel:* Das Kind kann das Würfelbild der 6 nicht sofort sehen, sondern müsste erst 4 und 2 addieren, um zu wissen, dass es 6 rote Edelsteine sind.
Nach dem *Blitzblick* sollen die Schüler zunächst sagen, wie viele Edelsteine sie insgesamt gesehen haben. Auf Ihre Frage nach der Anzahl roter und gelber Edelsteine wird das Gesamtbild in die einzelnen Teilmengen zerlegt.
Zeigen Sie anschließend den Blitzblick nochmals und beschreiben ihn selbst:
z. B. „Insgesamt sind es 7 Edelsteine, davon sind 6 rot und einer gelb."
Dazu wird die passende Aufgabe auf der symbolischen Ebene gezeigt:
7 = 6 + 1

2) Sie teilen den Kindern die **KV 2/3–2/4** (symbolische Ebene) aus, auf denen Zahlzerlegungsaufgaben stehen (z. B. 5 = 2 + 3; 6 = 4 + 2, usw.). Hilfreich ist dabei, zunächst nicht mehr als 3 Zahlen zu zerlegen (z. B. 4, 5, 6). Die Kinder sollen zuerst diese Aufgabenkärtchen ausschneiden und aufgedeckt auf den Tisch legen. Dann sollen sie die passende Karte heraussuchen, nachdem Sie eine Blitzblickaufgabe gezeigt haben.
Nach mehreren Blitzblickübungen können die Kinder dann die restliche Kopiervorlage bearbeiten, auf der sie nochmals die ikonischen Darstellungen in Form der Würfelbilder den Aufgaben auf der symbolischen Ebene (Ziffern) zuordnen und dann aufkleben sollen.
Zum vertiefenden Üben eignen sich die **KV 2/5–2/7** (+ Blankoseiten).
Wichtig dabei ist wieder, dass Ihre Schüler die einzelnen Teilmengen nicht zählend, sondern strukturierend (als Mengen) erfassen. Dies gelingt dann am besten, wenn die einzelnen Teilmengen möglichst in den bekannten Würfelbilddarstellungen angeboten werden oder sich aus so kleinen Mengen zusammensetzen, dass sie simultan erfassbar sind.
Ihre Schüler müssen bei dieser Aufgabe in der Lage sein, sich erstens auf die Gesamtzahl der Punktebilder, zweitens auf die Anzahl der einzelnen, farblich unterschiedlichen Teilmengen sowie drittens auf deren räumliche Anordnung gleichzeitig zu konzentrieren, d. h. ihre Aufmerksamkeit zu dezentrieren.
Deshalb ist es wichtig, nicht gleich alle Würfelbilder zu zerlegen, sondern den Schwierigkeitsgrad allmählich zu erhöhen, indem Sie allmählich auch die größeren Mengen zerlegen und darstellen.

3) Zur Arbeit mit den Kopiervorlagen: Beobachten Sie immer wieder bei Ihren Schülern, ob sie die einzelnen Teilmengen strukturierend erfassen. Sollte ein Kind immer wieder die Punkte einzeln abzählen, anstatt das Kennbild spontan zu erkennen, sollten Sie ihm nochmals Übungen aus Übungseinheit 1 anbieten, um das Erfassen der Kennbilder zu festigen.
Auch ist es bei manchen Schülern sinnvoll, parallel zur Bearbeitung der Arbeitsblätter die einzelnen Aufgaben nochmals in die entsprechenden Vorlagen („Schatzkisten") nachzulegen, die Mengen nochmals handelnd zerlegen zu lassen.

Anmerkungen: Ich habe für die Zahlzerlegung die Farben rot (erste Teilmenge), gelb (zweite Teilmenge) sowie orange (Gesamtmenge) gewählt, da rot und gelb gemischt orange ergeben. So könnte man auch zusätzlich im Kunstunterricht mit den Schülern dieses Teil-Ganzes-Konzept thematisieren.

Weitere Übungen zur Zahlzerlegung

➡ *Partnersuche:* Sie kündigen eine Zahl an, die in unterschiedliche Varianten zerlegt werden soll (z. B. 6 = 5 + 1, 4 + 2, usw.). Die Kinder erhalten gemischte Karten, entweder ein Würfelbild oder eine Ziffer, und sollen sich zur Musik durchs Klassenzimmer bewegen. Auf ein akustisches Signal hin gehen die Kinder möglichst flott auf Partnersuche, d. h. suchen die passende Zahl, die zusammen mit ihrer Zahl die gesuchte Menge ergibt.

➡ *Aufgaben nachstellen:* Sie schreiben Aufgaben auf rote (erste Teilmenge), gelbe (zweite Teilmenge), orangefarbene (Gesamtergebnis) sowie auf weiße (+ und =) Karten und verteilen die Karten an Ihre Schüler. Anschließend zeigen Sie einen Blitzblick, den sich die Schüler einprägen müssen. Wer eine passende Karte zu diesem Blitzblick besitzt, soll nach vorne gehen und sich zusammen mit den anderen Kindern zu einer Aufgabe zusammenstellen: Zuerst vom Gesamtergebnis ausgehend (z. B. 7 = 5 + 2), anschließend kann die Aufgabe auch umgestellt werden (z. B. 5 + 2 = 7).

➡ *Bewegungsaufgaben zur Zerlegung von kleinen Mengen:* Sie legen auf dem Boden zu einer Zahl kleine Moosgummiplatten oder Reifen in der entsprechenden Würfelbilddarstellung aus und lassen die Kinder diese Zahlen hüpfend zerlegen.

➡ *Partnerspiel „Pack den Schatz":* Zwei Karten gehören zusammen; auf der ersten Karte ist die Zahlzerlegung ikonisch dargestellt, auf der zweiten Karte die passende symbolische Darstellung. Alle Karten werden verdeckt auf den Tisch ausgelegt und nacheinander immer zwei Karten umgedreht, die dann aufgedeckt liegen bleiben. Passen zwei Karten zusammen, so muss das Kind schnell auf diese Karten schlagen und „pack den Schatz" rufen. Dann erhält es, sofern die Karten zusammenpassen, das Paar.

➡ *Spiel „Klau den Schatz":* Das Spiel besteht aus Quartetten, die Sie schnell selbst herstellen können:
1. Karte: Würfelbilddarstellung, z. B.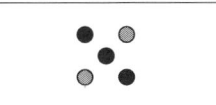

2.–3. Karte: symbolische Darstellung
(z. B. 5 = 3 + 2, 3 + 2 = 5, 2 + 3 = 5).

Eine Karte könnte auch diese Darstellung präsentieren: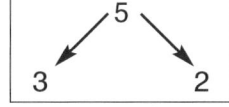

Das Spiel funktioniert zunächst genau wie „Pack den Schatz", d. h. es werden zunächst zwei passende Karten gesucht und als Paar auf die Seite gelegt. Damit das Quartett vollständig wird, werden jedoch auch die anderen beiden Karten benötigt. Hat Spieler A z. B. das erste Paar gefunden, Spieler B jedoch danach die anderen beiden Karten erwischt, darf dieser das Paar von Spieler A „klauen" und alle 4 Karten als Quartett ablegen.
Vor Spielbeginn ist es sinnvoll, alle Karten zunächst vom Kind frei sortieren zu lassen und die einzelnen Aufgabengruppen zu klassifizieren.

Übungseinheit 3 zur Eroberung des Zahlenraums bis 10

Übungseinheit 3: Rechnen lernen

Nachdem in Übungseinheit 2 Zahlen entsprechend dem Teil-Ganzes-Konzept als Zusammensetzungen aus verschiedenen Teilmengen erfahren wurden, soll die folgende Übungseinheit 3 ergänzend dazu beitragen, sich die **Aspekte der Handlungen Addition und Subtraktion vorzustellen**.

Neben einer ausreichenden Zahlvorstellung ist für sinnvolles Rechnen wichtig, eine Handlungsvorstellung, d. h. ein Verständnis von den einzelnen Rechenoperationen zu entwickeln und diese in der Vorstellung reflektieren zu können.
Rechenoperationen bedeuten immer die symbolische Abbildung einer Handlung, bei der etwas hinzugefügt (Addition) oder weggenommen wird (Subtraktion).
Vielen Kindern mit Lernschwierigkeiten im Rechnen ist es nicht möglich, der symbolischen Ebene eine passende konkrete Sachsituation zuzuordnen. Beispiel: „Erfinde zu der Aufgabe 9–5 eine Rechengeschichte."
Auch haben sie Probleme, eine symbolisch dargestellte Aufgabe (wie z. B. 9 – 5) ikonisch darzustellen oder die entsprechende Handlung an didaktischem Material zu zeigen. Beispiel: „Zeige mir mit dem Material, wie man 9 – 5 rechnet."

Häufig wurde der Bedeutungsunterschied zwischen einer Addition („es kommt etwas hinzu") und Subtraktion („von einer Anfangsmenge wird eine Teilmenge weggenommen") noch nicht ausreichend verstanden und verinnerlicht. Es ist rechenschwachen Kindern oft noch nicht möglich, die einzelnen Rechenschritte bzw. Handlungen in ihrer Vorstellung abzubilden und darüber zu reflektieren.

Deshalb stellt für mich das **Handlungsrechnen**, der konkrete Umgang mit dem didaktischen Material, neben den *Blitzblickaufgaben* als statische Bilder einen wichtigen Übungsinhalt dar, um das einzelne Kind beim Aufbau einer Handlungsvorstellung von den Rechenoperationen Addition und Subtraktion zu unterstützen.
Beim Einsatz des didaktischen Materials soll eine zusätzliche *Reflexionshilfe* die Bedeutung der symbolischen Zeichen + und – bewusst thematisieren. Die *Übersetzungshilfe* wird entsprechend dem Piratenthema in Form einer Insel und eines Piratenschiffes angeboten.

 Benötigtes Material

- Für jeden Schüler eine Kopiervorlage Schatzinsel und Piratenschiff (**KV 3/1–3/3**): Beide Materialien sollten von Ihren Schülern von beiden Seiten angemalt werden (allerdings nicht zu bunt). Die angemalten Inseln und Schiffe werden anschließend laminiert.

 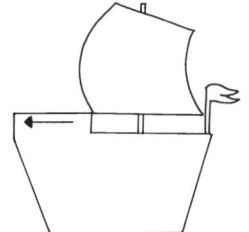 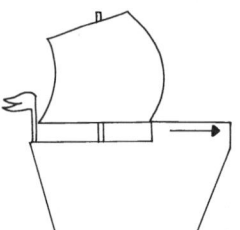

Übungseinheit 3 zur Eroberung des Zahlenraums bis 10

Für einige Kinder ist es dabei hilfreich, wenn Sie die Strukturierungshilfe zum übersichtlichen Legen der Kennbilder auf die Insel kleben, damit die Augen schnell sehen können, „wie viele Edelsteine auf der Insel sind".

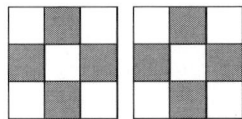

- Anker zum Anlegen auf der Insel: Dieser muss beweglich am Schiff angebracht werden (z. B. mit einer Schnur oder Ähnlichem), damit er ausgeworfen und wieder eingeholt werden kann. **KV 3/4**
  Bei Minusaufgaben beispielsweise kommt das Schiff zunächst angefahren, ohne Material geladen zu haben. Das Werfen des Ankers bedeutet dann, dass eine Teilmenge von der Insel auf das Schiff geladen wird.
- Insel und Schiff (als Folien zur Veranschaulichung) **KV 3/5–3/8** für die Tafel oder den Tageslichtprojektor, Einerwürfel oder Magnete für Tafel oder Tageslichtprojektor
- didaktisches Material (Dienes-Material) oder Edelsteine (Muggelsteine)
- eine Piratenklappe (z. B. eine Schlafbrille aus der Apotheke)
- evtl. wieder Schatzkiste und Goldsäcke
- KV S. 61–78

Übungsmöglichkeiten zum Rechnen lernen

1. Umgang mit den Modellen Piratenschiff und Insel zur Entwicklung einer Handlungsvorstellung – Handelndes Rechnen

Über den *konkreten Umgang* mit (didaktischem) Material sowie den Einsatz der Materialien Piratenschiff und Insel sollen die Schüler eine Vorstellung zu Addition und Subtraktion entwickeln und diese Rechenoperationen in ihrer Vorstellung rekonstruieren („abbilden") lernen. Dieses handelnde Rechnen mit den Materialien hilft dabei, prototypische Vorstellungsbilder zu den abstrakten Begriffen *Plus* und *Minus* zu entwickeln. Durch den handelnden Umgang *begreift* das Kind den Unterschied zwischen Addition und Subtraktion.
Passend zum Piratenthema kommt ein Piratenschiff bei Additionsaufgaben zur Insel angefahren und lädt dort einen Schatz aus, während bei Subtraktionsaufgaben das Schiff eine bestimmte Menge von der Insel mitnimmt, also klaut. Wie ein Schatz geklaut wurde oder um was für einen Schatz es sich genau handelt, kann dabei immer wieder neu erfunden werden.

Beispiel: Additionsaufgabe **5 + 3 = 8**

1) Schiff kommt an:

2) Schiff lädt aus:

Zum Veranschaulichen **KV 3/5 und 3/6**

Übungseinheit 3 zur Eroberung des Zahlenraums bis 10

Die Insel repräsentiert grundsätzlich die Menge, die am Anfang gegeben ist (im Beispiel die Menge 5). Deshalb sollte sie auch immer auf die *linke Seite* (d. h. vom Kind aus betrachtet links) gelegt werden, entsprechend der symbolischen Darstellung, bei der die Anfangsmenge 5 auch ganz links notiert ist.

Bei Additionsaufgaben kommt das Piratenschiff angefahren und lädt einen Schatz aus (im Beispiel die Menge 3). Diese Menge wird vom Kind ausgeladen und so auf die Insel gelegt, dass es „ganz schnell sehen kann, wie viele Edelsteine es sind" (d. h., wichtig ist wieder das strukturierende Legen in die Würfelbilddarstellungen/Kennbilder).

Die Insel lagert nach dem Ausladen des Schiffes somit die Endsumme, die durch das Hinzufügen der Teilmenge zur Anfangsmenge entstanden ist.

Beispiel: Subtraktionsaufgabe   5 − 3 = 2

1) Schiff ist leer:

2) Schiff lädt ein:

Zum Veranschaulichen **KV 3/7 und 3/8**

Bei der Einführung von Subtraktionsaufgaben ist es wichtig, mit den Kindern zu erarbeiten, dass das Piratenschiff nichts anliefert (denn das würde ja eine Addition bedeuten), also ohne Ladung zur Insel fährt.

Ganz im Gegenteil klaut die Schiffsbesatzung von dem Schatz, der bereits auf der Insel ist (im Beispiel die Anfangsmenge 5), einen bestimmten Teil (im Beispiel 3 Edelsteine).

➜ Einführung des Handlungsrechnens in Verbindung mit der *Modellsprache*:
Sie oder der kleine Pirat (Handpuppe) erzählen der Klasse eine Rechengeschichte in Form eines Piratenabenteuers, z. B. findet der kleine Pirat einen Schatz auf der Insel oder er versteckt ihn. Stellen Sie diese Geschichte modellhaft mit den Folien von Insel und Schiff auf dem Tageslichtprojektor nach (**KV 3/5–3/8**). Dabei werden zunächst die einzelnen Mengen entsprechend der Aufgabe auf die Insel gebracht oder von der Insel genommen und ins Schiff gelegt. An der Tafel können z. B. Magnete als Edelsteine verwendet werden.

Wichtig ist, die Menge strukturierend in Darstellung des Würfelbildes zu legen, „damit wir ganz schnell sehen können, wie viel Edelsteine (oder Kisten usw.) am Ende auf der Insel sind".

Lassen Sie die Kinder selbst auch Piratenabenteuer erfinden, diese Abenteuer aufmalen und schließlich in die Modellsprache übersetzen, d. h. mit Piratenschiff und Insel konkret nachlegen. Dabei ist wichtig, immer darüber zu sprechen, ob in der Modellsprache das Schiff etwas bringt (Addition) oder etwas von der Insel wegnimmt (Subtraktion). Die Kinder sollen diese Handlungen selbst auf ihren Inseln und Schiffen durchführen und grundsätzlich die Mengen in die Darstellung der Würfelbilder legen. Wichtig ist ebenfalls, die einzelnen Rechenschritte sprachlich zu begleiten und zu beschreiben, was gerade getan wird. Das sprachliche Begleiten der einzelnen Rechenhandlungen hilft dabei, die einzelnen Rechenschritte zu verinnerlichen, d. h. in der Vorstellung rekonstruieren zu lernen.

Anmerkung: Grundsätzlich ist es wichtig, einen Wechsel zwischen allen „Präsentationsebenen" vollziehen zu können. Das Kind sollte von einem Bereich in den anderen wechseln und übersetzen können.

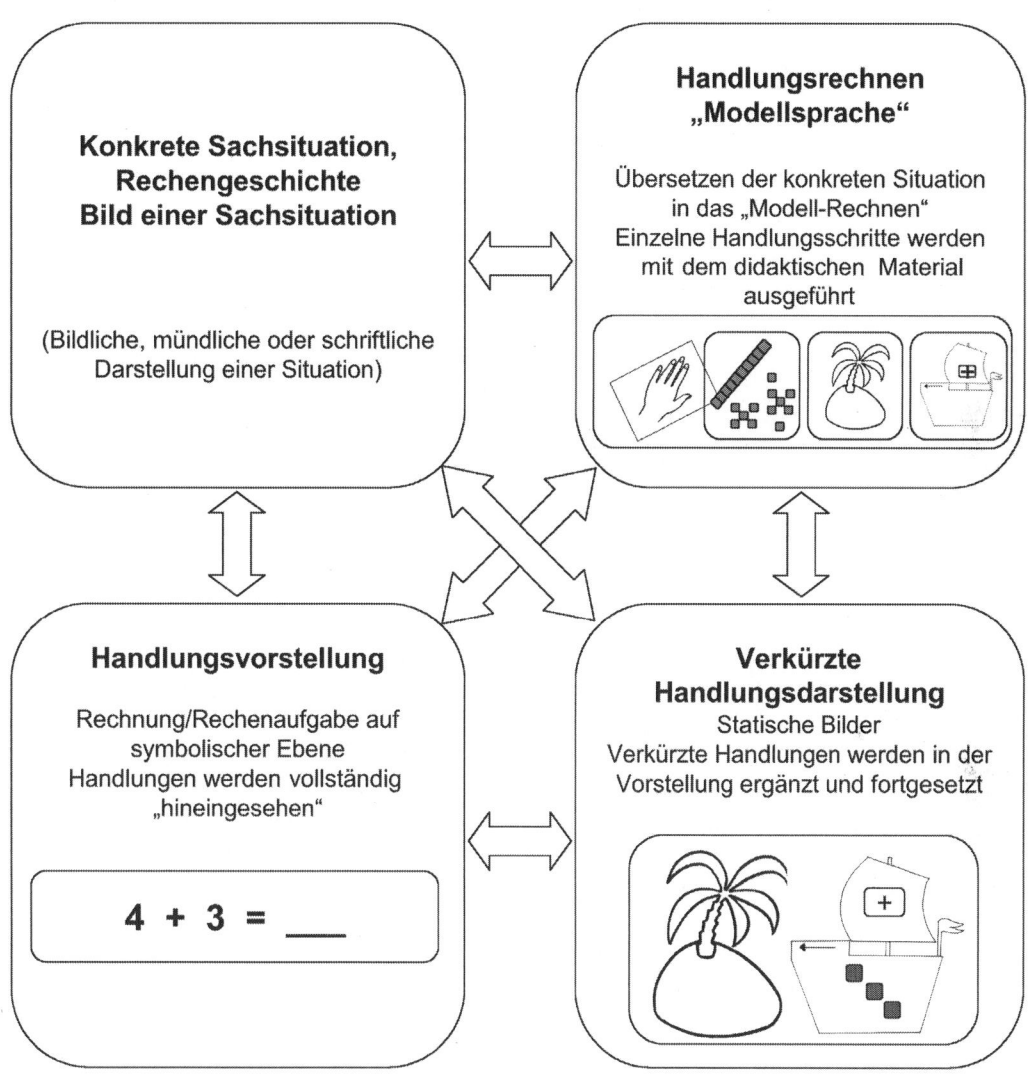

➡ *Bilder ordnen und beschreiben:* Haben die Schüler das Grundprinzip verstanden, können Sie ihnen eine Aufgabe in Modellsprache zeigen. Dazu wird eine Rechenhandlung beispielsweise an der Tafel auf mehreren Bildern (Darstellung der einzelnen Rechenschritte) präsentiert und soll zunächst von den Kindern in eine sinnvolle Reihenfolge geordnet werden. Anschließend beschreiben die Schüler die dargestellte Handlung und notieren dazu die entsprechende Rechenaufgabe (Beispiel siehe nächste Seite).

Übungseinheit 3 zur Eroberung des Zahlenraums bis 10

Beispiel:

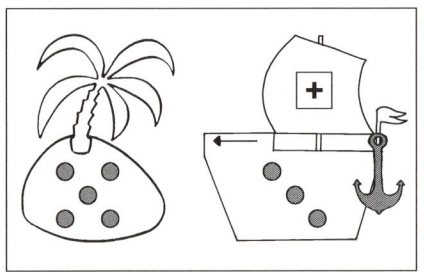 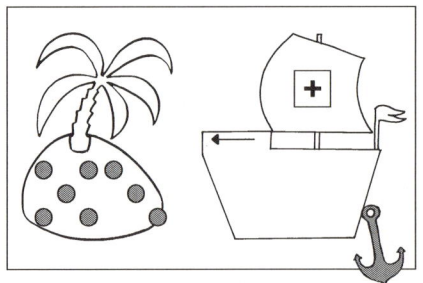 

„Das Schiff kommt angefahren und bringt einen Schatz mit 3 Kisten voller Gold.
Es lädt die Kisten aus und fährt wieder weg. Weil es einen Schatz gebracht hat, handelt es sich um eine Plus-Aufgabe. Die passende Rechenaufgabe ist 5 + 3 = 8."
Über das Beschreiben einzelner Rechenschritte lernt das Kind, diese Handlungen in der Vorstellung zu vollziehen und zu rekonstruieren.
Zu der Modellsprache in Form von Insel und Schiff sollen sich Ihre Schüler konkrete Situationen überlegen und weitere Rechengeschichten erfinden.
Auch ist es sinnvoll, zuerst die Rechenaufgabe, d. h. die symbolische Ebene zu präsentieren, die dann übersetzt werden soll in die Modellsprache mit Insel und Schiff.

2. Üben des „inneren Sehens" mit Kopiervorlagen und Blickübungen

Wenn die Schüler über konkrete Handlungserfahrungen zu Addition und Subtraktion verfügen, ist es wichtig, ihnen Übungsvarianten anzubieten, mit deren Hilfe sie sich allmählich von der äußeren Anschauung (in Form der konkreten Materialien) lösen können. Die Schüler sollten in vielfältigen Übungsangeboten lernen, diese konkreten Handlungen auf dem eigenen „inneren Bildschirm", also in ihrer Vorstellung zu sehen, sodass das äußere Material schließlich überflüssig wird. Ziel ist, dass Ihre Schüler in die symbolischen Darstellungen (Ziffern, Rechenzeichen) die Handlungen an den entsprechenden Mengenbildern hineindenken und schließlich automatisieren können.

Eine wichtige Brücke von der konkreten Handlung zur abstrakten Vorstellung (als innere Handlung) sind statische Handlungsbilder, z. B. in Form von Kopiervorlagen und Blitzblickaufgaben.
Die Handlungen werden bei diesen Aufgaben und Kopiervorlagen in Form von verkürzten statischen Handlungsbildern aufgegriffen. D. h. die Handlung an sich wird nicht mehr nacheinander in einzelnen Schritten vollzogen, sondern das Kind muss sich, ausgehend von einem verkürzten Bild, die gesamte Handlung/Operation vorstellen, also eine Abstraktionsleistung erbringen.

Beispiel:

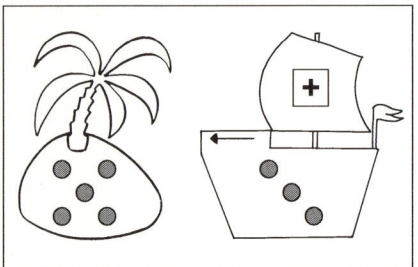

Übungseinheit 3 zur Eroberung des Zahlenraums bis 10

Ihre Schüler laden die Menge 3 *nur mit den Augen* auf die Insel, anstatt diese Handlung durchzuführen.

➡ Zeigen Sie dazu zunächst eine Blickkarte z. B. an der Tafel und lassen dazu die Schüler die passende Rechenaufgabe beschreiben, anschließend konkret nachlegen, um auf das Ergebnis der Rechnung zu kommen.
Im nächsten Schritt können Sie die Schüler dazu anhalten, bei einer Addition die auszuladende Menge „nur noch mit den Augen" auf die Insel zu laden, bzw. bei einer Subtraktion die Menge, die weggenommen werden muss, mit den Augen „auf das Schiff zu holen". D. h. Ihre Schüler bekommen den Anfangszustand der Handlung bildlich präsentiert und müssen den weiteren Handlungsvollzug in der Vorstellung durchführen. Gelingt dies manchen Schülern noch nicht, können Sie immer wieder Ihre Schüler diese Handlung konkret mithilfe des didaktischen Materials Insel und Schiff nachvollziehen lassen.
Sie zeigen eine Blickkarte nur noch kurz und lassen anschließend die passende Aufgabe aufschreiben und beschreiben.

Anmerkung: Das Trainieren des inneren Sehens mithilfe von statischen Blickübungen zieht sich als grundlegendes Prinzip auch durch die anschließenden Lerneinheiten. Denn je häufiger die Schüler immer wieder die Kennbilder zum Rechnen präsentiert bekommen, desto besser können sie sich die Struktur der Mengen für das Lösen von Rechenaufgaben und Anwenden der dafür hilfreichen Strategien als Bilder einprägen und sie wieder aus dem Gedächtnis abrufen.

KV 3/9–3/10 (+ Blankoseite) ➡ Addition
KV 3/11–3/13 ➡ Subtraktion

3. Üben des „inneren Sehens" mit der Piratenklappe

Eine sehr sinnvolle und auch beliebte Übung stellt das Rechnen mit der Piratenklappe dar (in Anlehnung an Frau Dr. Schulz). Für diese Übung sollten die Schüler bereits einen gewissen Grad an Handlungsvorstellung entwickelt haben, da sie nun die gesamte Handlung in der Modellsprache aus der Vorstellung heraus beschreiben müssen.
Dazu wird beispielsweise ein „mutiges" Kind ausgewählt, das die Augenklappe aufgesetzt bekommt. Es muss nun seinen „inneren Bildschirm, seinen Computer" einschalten, damit es die Bilder Piratenschiff und Insel vor sich sehen kann. Nach dem „Einschalten des Computers" erhält der Schüler eine Rechenaufgabe, die er dann in einzelnen Schritten beschreibt (z. B. bei der Aufgabe 5 + 3: „Auf der Insel liegt ein Schatz aus fünf Edelsteinen; das Piratenschiff kommt angefahren und bringt noch mal 3 Edelsteine. Dann wird das Schiff ausgeladen, sodass am Ende auf der Insel ein Fünfer und ein Dreier, also 8 Schätze liegen"). Die Klasse kann parallel zum Beschreiben des Schülers die einzelnen Schritte konkret durchführen. Sollte der Schüler nicht mehr weiterwissen, greifen Sie den aktuellen Schritt auf und beschreiben, was gerade auf der Insel und auf dem Schiff zu sehen ist.
Dieses laute Denken der Schüler ermöglicht es Ihnen, die individuellen Vorgehensweisen mitzuverfolgen. Das Kind selbst lernt dabei, die Handlung immer vollständiger in der Vorstellung zu (re-)konstruieren und sich seiner Vorgehensweise bewusst zu werden.
Diese Art der Übung lässt sich auch als Partnerübung durchführen. Ein Kind trägt die Augenklappe und beschreibt seinem Partner, was er konkret tun muss. Zu dieser Partnerarbeit sollten zuvor klare Regeln vereinbart werden (wie z. B. leises Flüstern), damit jedes Paar seinem Lerntempo entsprechend konzentriert arbeiten kann.

Übungseinheit 3 zur Eroberung des Zahlenraums bis 10

 Weitere Übungen

➡ *Stempeln:* Eine große Motivation für die Bearbeitung von Rechenaufgaben im Schülerheft stellen selbsterstellte Stempel in Form von Schiff und Insel dar, z. B. aus Moosgummi. Die Schüler erhalten dazu Rechenaufgaben (symbolische Ebene), die sie dann in die ikonische Darstellung mit Insel, Schiff und den entsprechenden Würfelbilddarstellungen „übersetzen" und ausrechnen sollen. Vor dem Stempeln ist dabei einiges zu überlegen: Das Kind muss bei der Stempelauswahl beachten, ob es sich um eine Additions- oder Subtraktionsaufgabe handelt. Bei Subtraktionsaufgaben darf zudem keine Menge in das Schiff gemalt werden, sondern das Kind muss je nach Aufgabenstellung eine Teilmenge von der Insel mit dem „Lasso" einfangen (mit einem Stift die entsprechende Menge einkreisen und mit einem Pfeil in Richtung Schiff verweisen). Dabei ist wichtig, dass Ihre Schüler die abzuziehenden Mengen sinnvoll (d. h. im Sinne des Teil-Ganzes-Konzeptes) „einfangen".

Beispiel: **8 – 3 = 5**

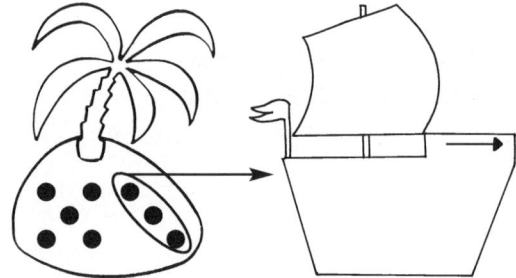   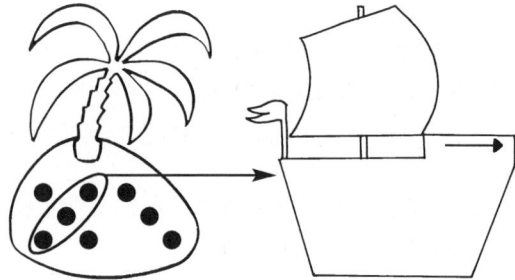

sinnvoll, da die Restmenge sofort sichtbar ist   nicht sinnvoll

KV 3/14

Anmerkung: Grundsätzlich sollte immer darauf geachtet werden, dass die verschiedenen Präsentationsebenen nicht miteinander vermischt werden, wie es bei dem folgenden *fehlerhaften* Beispiel der Fall ist:

➡ Neben Piratenschiff und Insel kann man auch Rechensäcke und Schatzkiste als ergänzende Modelle nutzen, um die Handlungen bei der Addition zu veranschaulichen (**KV 3/15–3/16**). Hierbei wird auch wieder das Teil-Ganzes-Prinzip deutlich, da beide Rechensäcke in die Schatzkiste umgeschüttet werden.
Sie können Ihren Schülern beispielsweise beide Mengen aus den Goldsäcken in Form der Würfelbilder präsentieren, während die Schüler sich ein „Foto" von diesen Mengen machen (sie prägen sich die Kennbilder ein, malen sie gegebenenfalls auf). Dann verschwinden beide Mengen in den Säcken und werden in die Schatzkiste umgeschüttet: „Wer weiß, wie viele Edelsteine nun in der Schatzkiste aufbewahrt werden?"

KV 3/15 (+ Blankoseite), **KV 3/16** (Blankoseite)

Übungseinheit 3 zur Eroberung des Zahlenraums bis 10

Abschließende Bemerkungen: Das Handlungsrechnen, die Blickkarten sowie die symbolische Ebene sollten immer wieder miteinander in Beziehung gesetzt und verknüpft werden! Bieten Sie Ihren Schülern deshalb immer vielfältige Übungen an, bei denen sie von einer Präsentationsebene in die andere übersetzen müssen – auch von der symbolischen Ebene in die handelnde!

Lassen Sie in allen Übungsphasen immer wieder Besuch von *Herrn Schummel* zu, der z. B. die Reihenfolge der Bildkarten an der Tafel durcheinanderbringt. Die Kinder haben sehr viel Spaß, Herrn Schummel zu korrigieren und zu vertreiben. Da sie Herrn Schummel erklären, was er falsch gemacht hat, und die korrekte Vorgehensweise beschreiben, wird auf spielerische Art über die einzelnen Aufgaben nochmals reflektiert.

Die einzelnen Zahlen werden in dieser Anfangsphase bewusst immer in Form der gleichbleibenden strukturierten Mengenbilder präsentiert, um den Schülern eine Orientierung zu geben, eine *bildliche* Gedächtnisstütze für das Rechnen zu bieten. Bekämen Ihre Schüler in dieser Phase wechselnde Darstellungen präsentiert, wäre das Abspeichern und Nutzen der Kennbilder fürs Rechnen erschwert.

Anmerkung: Wenn die Schüler eine gewisse Sicherheit beim Rechnen entwickelt haben, ist es ratsam, ihnen zwischendurch auch noch andere Darstellungen von Mengen anzubieten, damit sie verstehen lernen, dass eine Menge auf unterschiedlichste Art präsentiert werden kann (Invarianz).
Lassen Sie dabei auch immer wieder verschiedene Mengendarstellungen in die bekannten Kennbilder übersetzen (z. B. präsentieren Sie bei Rechengeschichten, bei Einkaufssituationen Euroscheine und -stücke, deren Gesamtmenge Ihre Schüler dann mithilfe der Würfelbilddarstellungen bestimmen sollen).

Berücksichtigung verschiedener Schwierigkeitsgrade: Beim Rechnenlernen mithilfe der Würfelbilder lassen sich verschiedene Schwierigkeitsgrade feststellen. Additionsaufgaben beispielsweise, deren Teilmengen zusammengefügt sofort wieder ein bekanntes Kennbild ergeben (z. B. 3 + 2 wird zum Fünferbild), sind leichter lernbar als solche Aufgaben, bei denen Ihre Schüler eine Teilmenge oder die Gesamtmenge strukturieren, d. h. die Menge in ein Kennbild ordnen müssen (wie z. B. bei 6 + 3, 4 + 2 usw.).
Subtraktionsaufgaben, bei denen die Restmenge als Kennbild sofort ersichtlich ist (8 – 3, 7 – 5 usw.), sind besser vorstellbar als die, die eine Strukturierung der Rest- oder einer Teilmenge erfordern (6 – 3, 9 – 6 usw.). Deshalb ist es hilfreich, zunächst mit den einfacheren Aufgaben zu beginnen. Da aber die schwierigeren Aufgabentypen immer nur das ordnende Sehen einer Anzahl von maximal 4 Elementen erforderlich machen, werden Ihre Schüler diese Anforderung auch bewältigen lernen. Denn eine Anzahl von 4 Elementen ist ja simultan erfassbar.

Neben der systematischen Vorgehensweise helfen auch erste kleine Strategien Ihren Schülern, allmählich die Grundaufgaben im Zahlenraum 10 zu erwerben und dann auch zu automatisieren (siehe folgendes Kapitel).

Übungseinheit 4 zur Eroberung des Zahlenraums bis 10

Übungseinheit 4: Automatisierung der Additions- und Subtraktionsaufgaben im Zahlenraum bis 10

Übungseinheit 4.1: Kennenlernen kleiner Rechentricks – Erste kleine Strategien als Hilfe zur Automatisierung des Eins-und-Eins

Bevor mit dem Training der Grundaufgaben gestartet wird, werden die Schüler in dieser Übungseinheit noch mit den ersten kleinen Strategien als Hilfe zur Automatisierung der Aufgaben des kleinen Eins-und-Eins gestärkt. Die kleinen Strategien sollen dazu beitragen, Additionsaufgaben schneller automatisieren zu können, d. h. die Aufgaben so zu verinnerlichen, dass sie spontan aus dem Gedächtnis abgerufen werden können.

Um die Motivation Ihrer Schüler aufrechtzuerhalten, können Sie die kleinen Strategien **Tauschaufgaben** und **Passerzahlen** als *Tricks* vermitteln, die der Pirat von seinem Piratenkapitän aus einer Trickkiste erhält. *Schummelaufgaben*, bei denen Herr Schummel falsche Aufgaben einschmuggeln will, tragen dazu bei, die einzelnen Strategien nochmals bewusst zu reflektieren.
Die kleinen **Strategien + 2, – 2, + 5, – 5, + 1, – 1, 1 mehr, 1 weniger** sollten ebenfalls geübt werden. Das Training („Rechensport") ist wichtig, da es zur Automatisierung der Aufgaben des Eins-und-Eins beiträgt und für weitere Strategien (z. B. verdoppeln + 1) eine Vorübung bedeutet (vgl. Übungseinheit 4.2). *Achtung:* Hier wird teilweise der Zahlenraum bis 10 überschritten.
KV 4/1 (+ Blankoseite)

Als **Vorübung** können Sie beispielsweise Ihren Schülern ein Kärtchen mit jeweils einer Aufgabe (z. B. + 1, 1 mehr) austeilen, anschließend ein Kennbild kurz als Blitzblickaufgabe zeigen. Jeder Schüler hat dann seine Aufgabenkarte zur gezeigten Zahl zu bearbeiten und deren Lösung zu nennen. Sie können Ihren Schülern auch verschiedene Kennbilder austeilen, die sie dann parallel mit den einzelnen Aufgaben bearbeiten müssen. Auf diese Art ist eine Differenzierung bezüglich der Aufgabenstellung möglich. Bieten Sie sowohl die Aufgabe „+ 1", als auch „1 mehr" an, damit Ihre Schüler die Bedeutung von „mehr – weniger" kennenlernen.

Für die hilfreichen Tricks der Passer- sowie Tauschaufgaben ist es sinnvoll, gemeinsam mit den Schülern einen selbst formulierten **Merksatz** bzw. eine **Symbolkarte** herzustellen, die die Strategie verdeutlicht. Auch die **Gestaltung eines kleinen Trickheftes** von jedem einzelnen Schüler unterstützt den bewussten Umgang mit den einzelnen Strategien (zu denen später für Aufgaben im Zahlenraum bis 20 weitere hinzukommen können).
In das Heft werden selbst formulierte Merksätze, selbst gefundene Beispielaufgaben eingetragen und schön ausgestaltet, damit die Schüler auch Freude daran haben, das Buch aufzuschlagen. Eine bestimmte Farbwahl für jeden einzelnen Trick unterstützt zusätzlich noch einen reflektierenden Umgang mit den Strategien.
KV 4/5, 4/7, 4/9 ➜ Passerzahlen
KV 4/6, 4/8, 4/9 ➜ Tauschaufgaben

Übungseinheit 4 zur Eroberung des Zahlenraums bis 10

 Benötigtes Material

- Hupe oder Klingel
- Kennbilder-Karten aus Übungseinheit 1
- KV S. 79–94

 Die **Strategie der Passerzahlen** ist eine Strategie für den Zehnerübergang. Die Schüler sollen die Zahl 10 korrekt zerlegen können, d. h. die Passerzahlen kennen.

KV 4/2–4/4

Das passt!

➡ *10 gewinnt (Partnerspiel zum Trainieren der Passerzahlen):*
Jeder der zwei Spieler erhält einen Stapel Karten (am Anfang nur mit Kennbildern, später mit Mengenbilddarstellungen und Ziffern) und legt diese verdeckt vor sich auf den Tisch. Zusätzlich wird eine Klingel, eine Hupe o. Ä. benötigt, die in die Mitte gestellt wird. Nacheinander wird eine Karte umgedreht, sodass immer jeweils 2 Karten nebeneinander zu sehen sind (jeweils eine Karte jedem Spieler). Sind zwei Karten zu sehen, die zusammen genau die Menge von 10 ergeben, muss ganz schnell die Klingel betätigt werden. Derjenige, der schneller war, erhält den ganzen Stapel Karten aus der Mitte des Tisches. Wer am Ende die meisten Karten besitzt, hat gewonnen.

Variante: Einsatz der Joker-Karte: Legt ein Kind eine Karte mit dem kleinen Piraten auf seinen Stapel, darf es sich eine Zahl wünschen. Geschickt ist dabei natürlich, sich eine Zahl zu wünschen, die zusammen mit der anderen aufgedeckten Karte die Zehnersumme ergibt. Der Mitspieler muss dabei aussetzen und es ertragen, wenn der Stapel Karten abgeräumt wird.

Anmerkungen: Das Spiel kann zu Beginn auch als Memory durchgeführt werden, um die Strategie der Passerzahlen in aller Ruhe zu üben, bevor es bei dem Spiel *10 gewinnt* dann um Schnelligkeit geht.

➡ *Passerwürfel:* Mit einer großen Menge Würfel wird gewürfelt (mehrere Blankowürfel, auf die Sie eine Auswahl beliebiger Kennbilder gemalt oder geklebt haben). Das Kind, das gerade an der Reihe ist, sucht zwei Würfel, deren Summe genau 10 ergibt. Findet es Passerwürfel, darf es sich einen Zehnerstrich ins Heft oder auf ein Blatt machen bzw. eine Zehnerstange nehmen. Wer am Ende die meisten Zehner hat, hat gewonnen.

Übungseinheit 4 zur Eroberung des Zahlenraums bis 10

Strategie der Tauschaufgaben:

Lassen Sie Ihre Schüler selbst ausprobieren, warum und wann es sinnvoll ist, den Trick der Tauschaufgabe anzuwenden („Man muss nicht so viel tun; es ist für die Augen leichter" usw.). *Wichtig:* Diese Strategie ist lediglich bei Additionsaufgaben anwendbar!
KV 4/10

Bei allen Strategien sollten zunächst die Kennbilder als visuelle Vorlage dienen, um ein zählendes Rechnen zu vermeiden.

Übungseinheit 4.2: Automatisierungstraining zur raschen und sicheren Abrufbarkeit des kleinen Eins-und-Eins

Nachdem die Schüler mit den kleinen Strategien als Hilfe zur Automatisierung der Aufgaben des kleinen Eins-und-Eins vertraut gemacht worden sind, sollen als weiterer Schritt die Additions- und Subtraktionsaufgaben im Zahlenraum bis 10 so trainiert werden, dass sie sicher und mühelos aus dem Gedächtnis abgerufen werden können.
Automatisierung bedeutet im Gegensatz zu mechanisiertem Wissen, dass sich Ihre Schüler zu jeder Aufgabe die entsprechende **Handlung vorstellen** können und **Mengen als Zusammensetzungen aus Teilmengen** verstanden haben. Dagegen würde eine Mechanisierung bedeuten, die Aufgaben wie Vokabeln auswendig gelernt zu haben, ohne jedoch eine Handlungsvorstellung zur Rechenoperation sowie eine strukturierende Mengenvorstellung zu besitzen.
Eine Automatisierung ist notwendig, um eine Überlastung des Arbeitsgedächtnisses zu vermeiden und Energie für komplexere Aufgaben, z. B. für die Bearbeitung von Textaufgaben, zur Verfügung zu haben.

Eine große Motivation für das an sich trockene Training der Grundaufgaben stellt die **Rechenleiter** dar, auf der Trainingsergebnisse notiert werden. Jedes einzelne Kind kann somit selbst seine individuellen Fortschritte festhalten.
Wichtig ist, dass dieses Training möglichst mehrere Male in der Woche durchgeführt wird (z. B. im Rahmen der Wochenplanarbeit), um einen Lerneffekt zu bewirken. Aufgrund seiner kurzen Dauer ist es gut in den täglichen Unterricht integrierbar.

Übungseinheit 4 zur Eroberung des Zahlenraums bis 10

Bei endlich erreichten, zuvor vereinbarten Ergebnissen ist es sinnvoll, das einzelne Kind für seine Mühe zu belohnen (das Kind könnte selbst einen Wunsch äußern, bevor es mit dem Training beginnt).

Benötigtes Material

- Rechenleiter für jeden Schüler **KV 4/11**
- Kennbilder-Karten aus Übungseinheit 1
- Sanduhr, Küchenwecker o. Ä.
- Aufgabenkarten (symbolische Ebene) zu allen Aufgaben des kleinen Eins-und-Eins und Eins-minus-Eins (im Zahlenraum bis 10): **KV 4/12–4/15** (auf der Rückseite mit Lösung beschriften)
- KV S. 91–94

➡ Zunächst wird in die noch freie Spalte auf der Rechenleiter das aktuelle Datum eingetragen (man beginnt links). **KV 4/11**
Die Kennbilder aus Übungseinheit 1 werden auf den Tisch ausgelegt, jeweils von 1 – 5 und 6 – 10 nebeneinander geordnet. Sie dienen als Überbrückung bzw. als visuelle Anschauungshilfe, wenn die Bearbeitung der Aufgaben für das einzelne Kind noch nicht komplett in der Vorstellung möglich ist. Bei der Aufgabe 5 + 3 z. B. richtet dann das Kind seinen Blick auf das Kennbild des 5er-Würfelbildes (als Anfangsmenge) und soll „mit den Augen die 3 dazuholen". Bei der Aufgabe 2 + 6 als Tauschaufgabe ist es sinnvoll, sich auf das Kennbild 6 zu konzentrieren und 2 Punkte „dazuzusehen".
Bei Subtraktionsaufgaben wird der Blick ebenfalls auf die Karte mit der Anfangsmenge gerichtet und dann mit den Augen die abzuziehende Teilmenge „weggenommen". Schafft es das Kind noch nicht, die Handlung lediglich mit den Augen durchzuführen, ist es auch möglich, die Teilmenge zunächst mit den Händen oder einem Lineal (Geodreiecke eignen sich besonders) sinnvoll abzudecken.
Nicht sinnvoll bedeutet bei der Aufgabe 7 – 5 z. B., wenn auf folgende Art abgedeckt wird:

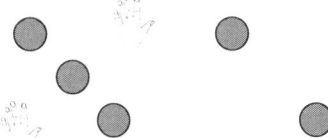

Sinnvoll dagegen ist folgende Vorgehensweise, da hier die Restmenge sofort als bekanntes Würfelbild strukturierend erfasst werden kann:

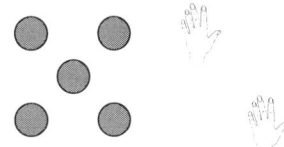

Die Schüler sollen lernen, Teil*mengen* „hin- oder wegzudenken" (also Zahlen als Zusammensetzungen aus anderen Zahlen verstehen), anstatt nur *einzelne* Punkte hintereinander hinzuzufügen oder abzuziehen (= zählen).

Übungseinheit 4 zur Eroberung des Zahlenraums bis 10

Da die korrekte Vorgehensweise beim Rechnen mit den Kennbildern sehr wichtig ist, sollten Sie mit Ihren Schülern zu Beginn die Kärtchen gemeinsam bearbeiten und modellhaft beschreiben, was „die Augen tun". Wenn Ihre Schüler ebenfalls das Bearbeiten der Aufgaben sprachlich begleiten, d. h. laut denken, erhalten Sie einen guten Einblick in deren Strategien und können gegebenenfalls unterstützend wirken.

Ist den Schülern das Grundprinzip vertraut, können sie in Einzel- oder Partnerarbeit die Kärtchen von KV 4/12–4/15 bearbeiten. Wenn die Sanduhr umgedreht wird (Zeitdauer 5 Minuten), beginnt das Ausrechnen der Aufgaben. Alle richtig gelösten Kärtchen (Selbstkontrolle oder der Partner schaut Lösung auf der Rückseite an) werden auf die Seite gelegt und nach Ablauf der Sanduhr gezählt.
Die Anzahl der korrekt gelösten Aufgaben wird schließlich auf der Rechenleiter in Form eines Balkens beim entsprechenden Datum eingezeichnet und die Anzahl dazugeschrieben (siehe oben).

Sie werden merken, wenn Ihre Schüler auf die Kennkarten als Anschauungshilfe verzichten können. Wichtig ist, dass Ihre Schüler nicht zählend zur Lösung gelangen. Sollten Sie zählendes Rechnen beobachten, dann verbieten Sie es nicht (das bringt nichts), sondern bearbeiten nochmals gemeinsam mit dem Schüler die Aufgabe auf sinnvolle Art „mit den Augen", ggf. auch noch mal handelnd.

Anmerkung: Um die bisher eingeführten wenigen Strategien als Hilfe für das Lösen der Aufgabenkärtchen bewusst zu machen, ist es nützlich, die Aufgabenkärtchen mit der für den einzelnen Trick festgelegten Farbe aus dem Trickbuch einzurahmen, damit Ihre Schüler sich an die Strategien besser erinnern. Aufgaben, die sowohl eine Tauschaufgabe darstellen als auch zu den Passerzahlen gehören, erhalten dann einen doppelten Farbrahmen.

Übungseinheit 5 zur Eroberung des Zahlenraums bis 10

Übungseinheit 5: Rund um die Zehn

In dieser Übungseinheit sollen Aufgaben **rund um die Zehn** und später die Zahlen *größer als Zehn* als Vorbereitung auf die Einführung in das Stellenwertsystem behandelt werden. In ersten Angeboten erhalten die Schüler Übungsmöglichkeiten, die helfen sollen, allmählich die bekannten Würfelkennbilder umzudenken, d. h. in die **Darstellung mit Zehnerstangen** übersetzen zu lernen. Für einen späteren sinnvollen Umgang mit dem *Dienes-Material* (s. S. 6) sollten Ihre Schüler unbedingt verstanden haben, dass zwei Fünferwürfel und eine Zehnerstange sich entsprechen, also zwei Darstellungsmöglichkeiten für ein- und dieselbe Menge sind. Übungen in dieser Übungseinheit sollen zu einer ersten Einsicht, d. h. zur *Fähigkeit der Invarianzerfassung* beider Mengendarstellungen beitragen.
Zuvor werden Übungen rund um die Zehn als Wiederholung und Ergänzung zu den vorangegangenen Aufgaben angeboten.

Übungseinheit 5.1: 10 Minusaufgaben

 Benötigtes Material: KV S. 95

Den Passerzahlen als eine Strategie für die Überschreitung eines Zehners entsprechend werden auch die *Minusaufgaben* nochmals wiederholend geübt, da die Zehnerunterschreitung auch bei Subtraktionsaufgaben mit größeren Zahlen immer wieder gefordert wird. Diese Aufgaben werden zunächst auf den Kopiervorlagen in Form der bekannten Würfelbilder dargestellt. **KV 5/1**

Nach einer ersten Einführung der Zehnerstangen und des Stellenwertsystems von zweistelligen Zahlen werden die Aufgaben rund um die Zehn nochmals in der Darstellung als Zehnerstangen aufgegriffen. Beide Darstellungen (Würfelbilder, Zehnerstangen) sollten parallel angeboten werden, da die Schüler einerseits die Darstellungen individuell verschieden nutzen werden und andererseits sehen können, dass eine Menge auf mehrere Arten dargestellt werden kann. Kinder, die mit den reinen Würfelbilddarstellungen sinnvoll rechnen können und diese Darstellungen deshalb bevorzugen, sollten nicht gezwungen werden, beim Rechnen auf die Darstellung mit den Zehnerstangen umsteigen zu müssen.
Wichtig ist nur, dass jeder einzelne Schüler eine strukturierende, sinnvolle Vorstellung von Zahlen als Mengen verinnerlicht hat, mit der er erfolgreich beim Rechnen ist und nicht zum zählenden Rechnen verleitet wird.

Übungseinheit 5.2: Kennenlernen größerer Zahlen

Im Folgenden werden einfache Möglichkeiten vorgestellt, die zu einem ersten Verständnis des Stellenwertsystems beitragen. Mithilfe bestimmter Unterrichtsinhalte sollen die Schüler Zahlen als gegliederte Quantitäten (Zehner – Einer) verstehen und den Unterschied zwischen Schreib- und Sprechweise zweistelliger Zahlen kennenlernen.

Übungseinheit 5 zur Eroberung des Zahlenraums bis 10

Sie können dabei auf eine Kleinhaltung des Zahlenraumes verzichten, und bereits auch größere Zahlen Ihren Schülern vorstellen. Ziel ist, dass Ihre Schüler erste Einsichten in bestimmte Strukturen und Gesetzmäßigkeiten des Zahlenraumes gewinnen.

Das *Dienes-Material* (Zehnerstangen, s. S. 6) ist als didaktisches Material besonders dafür geeignet, das Stellenwertsystem im Sinne des Teil-Ganzes-Konzeptes den Schülern anschaulich zu vermitteln.
Manche Schüler wollen recht bald mit Zehnerstangen arbeiten, während andere lange die Zahlen in Würfelbilddarstellung bevorzugen. Deshalb ist es sinnvoll, beide Darstellungen anzubieten.

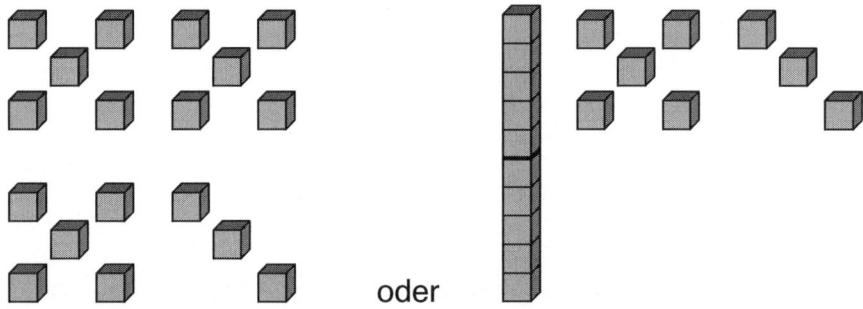

Für das Rechnen mit Zehnerstangen ist unbedingt Voraussetzung, dass die Schüler verinnerlicht haben, dass in einer Zehnerstange zwei Fünferwürfel versteckt sind, um nicht zum Zählen der einzelnen Einer in der Zehnerstange verleitet zu werden.
Deshalb ist es vor der Einführung der Zehnerstangen unbedingt erforderlich, die Zehnerstange als Doppelfünf zu erarbeiten.

Als Einstieg in das Thema eignet sich ein Fingerspiel zur Zehn als Doppelfünf (kennengelernt bei Frau Elfriede Jakob, Freiburg):

Das sind fünf und das sind fünf,
zusammen sind wir zehn,
und weil wir immer lustig sind,
woll`n wir im Kreis uns dreh'n.

Das sind fünf und das sind fünf,
zusammen sind wir zehn,
und weil wir immer lustig sind,
kann man uns zappeln seh'n.

Das sind fünf und das sind fünf,
zusammen sind wir zehn,
und weil wir immer lustig sind,
kann man uns trommeln hör'n,

Das sind fünf und das sind fünf,
zusammen sind wir zehn,
**und weil wir jetzt ganz müde sind,
kann man uns nicht mehr seh'n.**

Übungseinheit 5 zur Eroberung des Zahlenraums bis 10

Damit die Schüler das Stellenwertsystem begreifen können und beim späteren Gebrauch der Zehnerstangen nicht zum Abzählen der einzelnen Würfel verleitet werden, ist es notwendig, dass sie die Fähigkeit zur Invarianzerfassung einer Zehnerstange (als 10 Einerwürfel und 2 Fünfer) entwickelt haben.

Ihre Schüler müssen begreifen, dass die Menge 10 sowohl bei einer Zehnerstange als auch bei 2 Fünfern sowie 10 einzelnen Einern trotz der unterschiedlichen Anordnung grundsätzlich immer die gleiche ist.

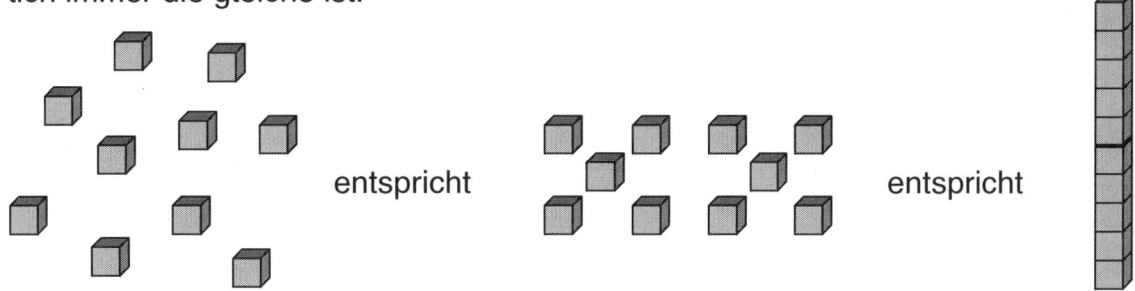

Ziel dieser Lerneinheit ist deshalb, Übungen anzubieten, in denen Ihre Schüler verstehen lernen, dass in einer Zehnerstange „immer zwei Fünferwürfel, also insgesamt 10 Einer versteckt sind".

Diese Fähigkeit zur Invarianzerfassung ist später auch für das strukturierende Erfassen von größeren Mengen im Hunderterraum eine wichtige Voraussetzung.

Benötigtes Material

- Schatzkiste mit Edelsteinen in 2 Größen: kleine und große rote Steine, blaue Steine, evtl. Sandkiste
- roter Faden zum Kennzeichnen der Fünfer in der Zehnerstange (falls keine Markierung vorhanden ist)
- blauer Faden als „Lasso" zum Einfangen und Eintauschen der zwei Fünfer
- evtl. Karten für die Herstellung eines Terzetts-Spiels
- größerer Holzwürfel mit Kennbild der 5
- KV S. 96–107

➡ *Mögliche Einführung:* Zur Einführung dieses wichtigen Lerninhaltes können Sie erneut zur Schatzkiste und zu Edelsteinen greifen und eventuell dazu noch eine Kiste mit Sand verwenden (zum strukturierenden Legen der großen Anzahl an Steinen).

Sie erzählen Ihren Schülern ein weiteres Abenteuer, in dem der kleine Pirat seinen bisher größten Schatz mit Gold und Edelsteinen (es müssen mindestens 50 Stück sein) gefunden und auf seine Rechenisel gebracht hat. Dort angekommen, möchte er sofort wissen, wie viele Edelsteine er in der Schatzkiste hat.

Öffnen Sie dazu die Kiste und lassen die Schüler zunächst schätzen, wie groß die Menge sein könnte (Spiele und Übungen zum Schätzen von Mengen sollten regelmäßig im Unterricht angeboten werden, damit Ihre Schüler eine relative Mengenvorstellung entwickeln können). Da der kleine Pirat es aber ganz genau wissen will, beauftragt er einen Schüler in der Klasse, der die Edelsteine zählen soll. Beim Abzählen der Steine lenken Sie/Herr Schummel/ein Mitschüler auf Anweisung hin den zählenden Schüler immer wieder vom Zählen ab, indem er gekitzelt wird, kurz vor die Türe muss oder zwischendurch etwas anderes zu tun bekommt.

Übungseinheit 5 zur Eroberung des Zahlenraums bis 10

Hat der betreffende Schüler die einzelnen Edelsteine lediglich abgezählt und dann unstrukturiert in den Sand gelegt (z. B. als Haufen), wird er immer wieder von Neuem anfangen müssen zu zählen. Die Klasse wird merken, dass es auf diese Art mühsam ist, eine Menge genau zu erfassen.
Sie erhält von Ihnen den Auftrag, sich zu überlegen, was man tun kann, damit man auch trotz einer möglichen Unterbrechung die gezählte Menge noch erkennen kann.

Sollte Ihre Klasse keine eigenen Ideen haben, verweisen Sie auf die Kennbilder, die ja auch genutzt werden, „damit man ganz schnell sehen kann, wie viele es sind".
So werden die Schüler sicherlich auf die Idee kommen, immer Fünferpäckchen zu bilden, d. h. die große Menge durch diese Darstellung in Fünferwürfelbildern zu strukturieren. Wurden alle Edelsteine in diese Struktur gelegt, so möchte der kleine Pirat die einzelnen Würfel in Zehnerstangen umtauschen, damit er nicht so viel Unordnung in seiner Schatzkiste hat. Sie sollten noch einmal darauf verweisen, dass der Wert der gleiche ist. Ihre Klasse sollte beim Umtauschen dabei helfen, indem sie sich überlegt, wie viele einzelne Edelsteine bzw. wie viele Fünfer der Pirat braucht, um sie eintauschen zu können gegen eine Zehnerstange, z. B. durch Abzählen oder/und Addieren der einzelnen Fünfer. Nach und nach werden jeweils zwei Fünfer eingetauscht gegen eine Zehnerstange. Beim Schreiben der entsprechenden Zahl erhält die Ziffer der Zehner die blaue, die Ziffer für die Einerwürfel die rote Farbe (z. B. 3 in Blau, 5 in Rot).
Wichtig ist, dass jede Zehnerstange eine Markierung in der Mitte erhält, um deutlich zu machen, dass sie grundsätzlich aus zwei versteckten Fünferwürfeln besteht. Wenn ein Kind diese Mengeninvarianz („zwei Fünfer geben immer 10") verstanden hat, wird es nicht mehr dazu verleitet, bei der Zehnerstange die einzelnen Elemente abzuzählen.

➡ *Blitzblickübung 1:* Sie zeigen mit den Einerwürfeln auf dem Overhead Mengen zwischen 10 und 20, die Ihre Schüler nachlegen sollen. Anschließend werden immer zwei Fünfer mit einem Faden als „Lasso" eingetauscht gegen eine Zehnerstange und die Zahl genannt.

➡ *Blitzblickübung 2:* Sie zeigen Ihren Schülern als Blitzblickübung auf der Magnettafel oder an der Tafel (die Sie anschließend schnell wieder zuklappen) Fünferwürfelbilder, die die Kinder dann in der korrekten Anzahl auf der Kopiervorlage *Blitzblickaufgaben* nachmalen müssen. Danach erhalten die Schüler die Aufgabe, jeweils 2 Fünfer mit einem blauen Stift „einzufangen", um zu sehen, wie viele Zehnerstangen daraus entstanden sind. Diese werden dann in das nebenstehende Kästchen als Zehnerstangen gemalt und die entsprechende Ziffer aufgeschrieben.
KV 5/2

Beispiel (vgl. KV S. 96):

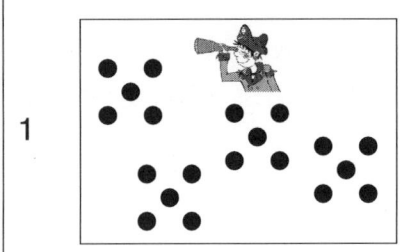 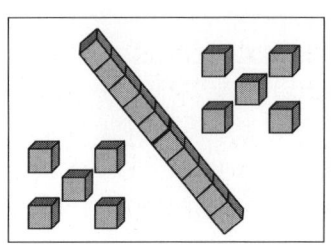

Übungseinheit 5 zur Eroberung des Zahlenraums bis 10

Im nächsten Schritt zeigen Sie den Schülern den *Blitzblick:* Ihre Schüler sollen sofort in Zehnerstangen umwandeln, nachdem Sie Ihnen die Anzahl der Fünferwürfel genannt haben (Sie könnten somit bereits das Ein-mal-Eins der Fünferreihe einfließen lassen).
KV 5/3–5/6 (+ Blankoseite)

Danach ist auch die umgekehrte Übung möglich, bei der Sie die Zehnerstangen zeigen und die Schüler sie umwandeln müssen in Fünferwürfel.
Es ist auch möglich, als Variante zum Fünferwürfelbild 5-Euro-Scheine als Blitzblick zu zeigen, die dann eingetauscht werden müssen in 10-Euro-Scheine (Geld fasziniert Kinder in der Regel in besonderem Maße).

➡ *Akustische und motorische Unterstützung:* Zeigen Sie den Schülern einen Würfel (dazu eignet sich ein großer Blanko-Holzwürfel, auf dem die Kennbilder für die einzelnen Zahlen aufgeklebt wurden) und sagen ihnen, dass Sie den Fünfer klopfen, während die Schüler die Augen geschlossen halten. Ihre Schüler müssen die Anzahl des Klopfgeräusches mitzählen und anschließend in der Vorstellung jeweils zwei Fünfer zu einer Zehnerstange umtauschen.

➡ *Bingo-Spiel* (KV 5/7): Ziel ist wie bei üblichen Bingo-Spielen, eine 3er-Reihe (diagonal, horizontal oder vertikal) möglichst schnell vollzubekommen. Sie teilen den Schülern dazu ein Bingo-Blatt aus, das die Schüler nach Blitzblickdarstellungen zum Fünfer beliebig ausfüllen.
Sind alle neun Kästchen mit nachgemalten Blitzblickdarstellungen ausgefüllt, zeigen Sie den Schülern wiederum als Blitzblick gemischt Ziffern oder Mengenbilddarstellungen mit Zehnerstangen, die den Fünferdarstellungen entsprechen. Ihre Schüler sollen dazu vorher das untere Feld in einzelne Kästchen ausschneiden und legen dann das einzelne Kärtchen auf das entsprechende passende Kästchen in der Tabelle.
Das Kind, das zuerst eine Reihe voll hat, darf „Bingo" rufen und erhält einen Edelstein.

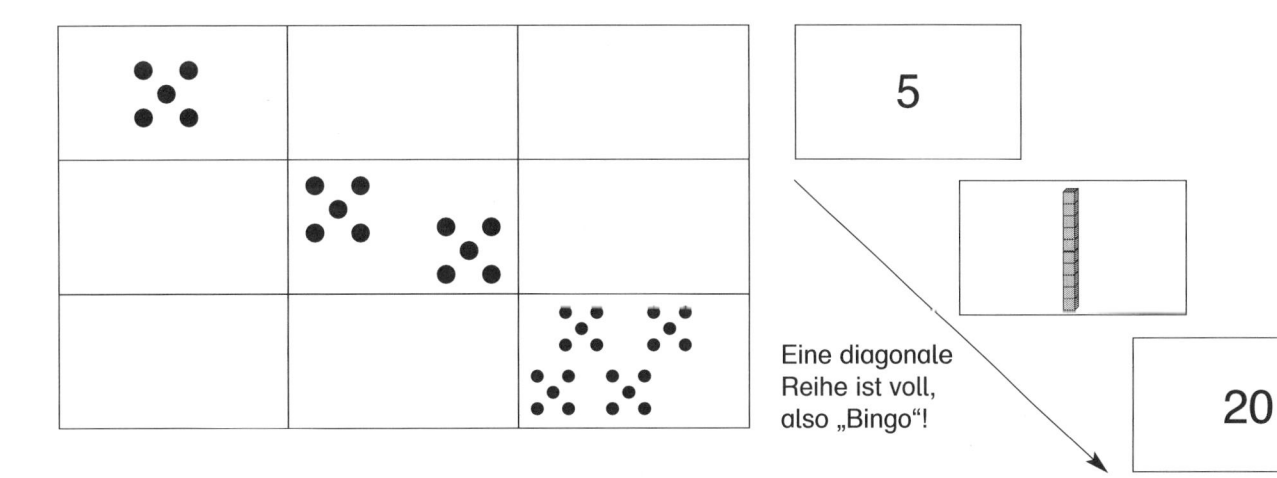

Eine diagonale Reihe ist voll, also „Bingo"!

➡ *Gruppensuche-Terzett* (KV 5/8): Die Schüler erhalten jeweils eine Karte, auf der eine bestimmte Zahl, in Ziffern, als Fünferwürfel oder mit Zehnerstangen dargestellt ist.

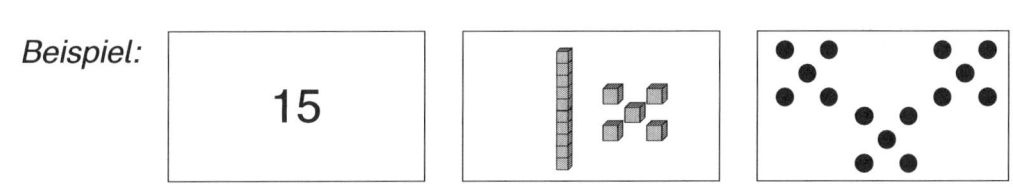

Beispiel:

Übungseinheit 5 zur Eroberung des Zahlenraums bis 10

Auf Musik oder Tamburinschlag bewegen sie sich leise durchs Klassenzimmer. Bei Musikstopp sollen die anderen zwei Gruppenmitglieder still gefunden werden.
Auch ein Quartettspiel wäre zu diesen vier zusammengehörigen Karten möglich (indem man die Karte 3 mal 5 noch dazunehmen würde).
Das Terzettspiel könnte anschließend als Partner- oder Kleingruppenspiel eingesetzt werden.

➡ *Wie viel Wert besitzt der Schatz?*
Sie zeigen der Klasse einen Schatz mit verschiedenfarbigen Edelsteinen, deren Farbe auch den Wert ausmacht. Diesen Schatz können Sie an die Tafel malen und dazu Magnete in verschiedenen Farben verwenden oder Sie nehmen einen Stoffbeutel mit Steinen in unterschiedlichen Farben.
Blaue Edelsteine sind die wertvollsten, da sie einer Zehn entsprechen, rote größere Edelsteine bedeuten einen Wert von 5 und kleine rote Edelsteine symbolisieren Einerwürfel.

Beispiel:

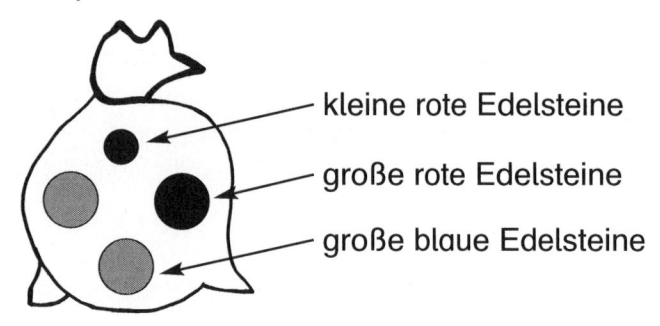

— kleine rote Edelsteine
— große rote Edelsteine
— große blaue Edelsteine

Die Schüler erhalten dann die Aufgabe, den gesamten Wert des Schatzes festzustellen, indem sie diese Edelsteine in die Würfelbilddarstellung übersetzen. Dieser Transfer bedeutet bereits eine Abstraktionsleistung, bei der das einzelne Kind in die Edelsteine die Kennbilder hineinsehen und sinnvoll (d. h. als Doppelfünf) strukturierend erfassen muss:

Anschließend wird die Ziffer notiert.

16

Übungseinheit 5 zur Eroberung des Zahlenraums bis 10

Übungseinheit 5.3: Passeraufgaben und Minusaufgaben mit Zehnerstangen

Nachdem die Schüler die Zehnerstange als Variante zur Doppelfünf kennengelernt haben, ist es sinnvoll, ihnen nochmals Übungen zu den Passerzahlen in der optischen Darstellung der Zehnerstange anzubieten. Wichtig dabei ist, dass die Schüler nicht die einzelnen Einer abzählen, sondern die Würfelbilder hineinsehen können. Dafür ist die Markierung in der Mitte der Zehnerstange wichtig, da so eine strukturierende Erfassung kleiner Teilportionen möglich wird.

KV 5/9–5/12

Viel Spaß bei den 5 Übungseinheiten!

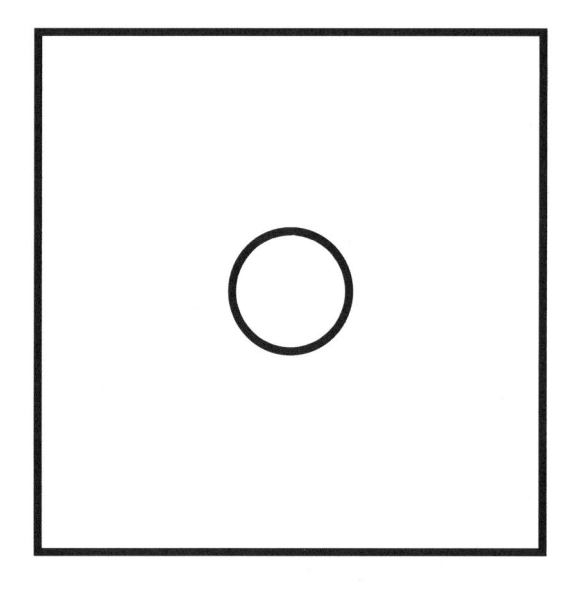

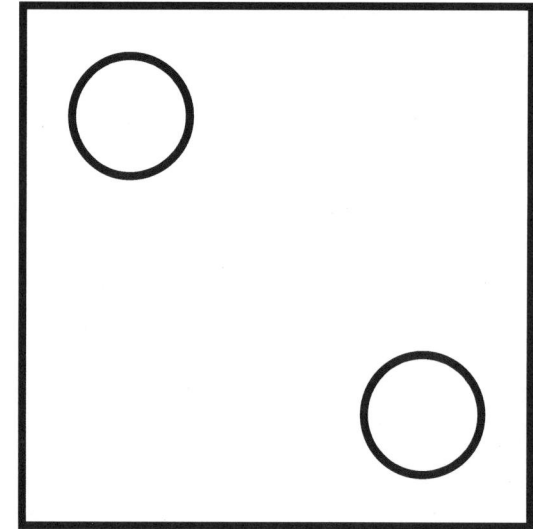

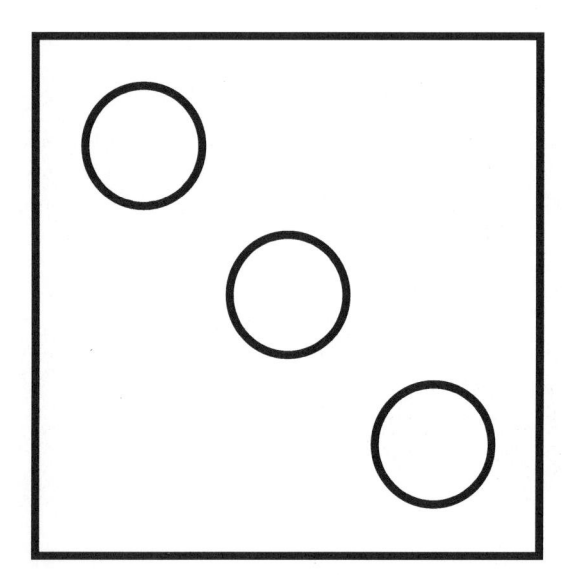

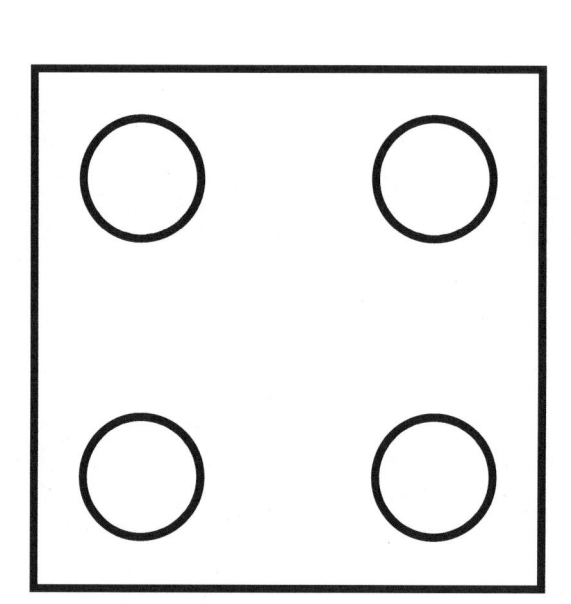

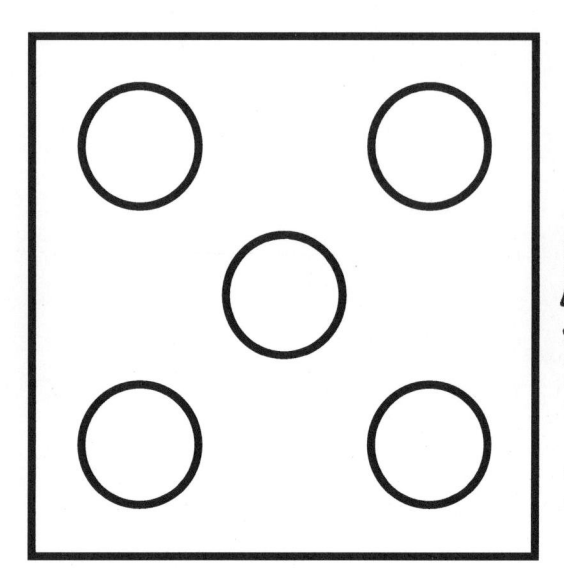

Kennbilder

KV 1/1

Anmerkungen:
Diese Kennbilder und auch die Symbolkarten von S. 42 sind immer wieder und sehr variabel im Unterricht einzusetzen. Die Kennbilder lassen sich z. B. als Vorlage zum Nachlegen der Würfelbilder (mit Steinen) nutzen, zum Ausmalen, zur Verdeutlichung der strukturierten Darstellung von Mengen, ...

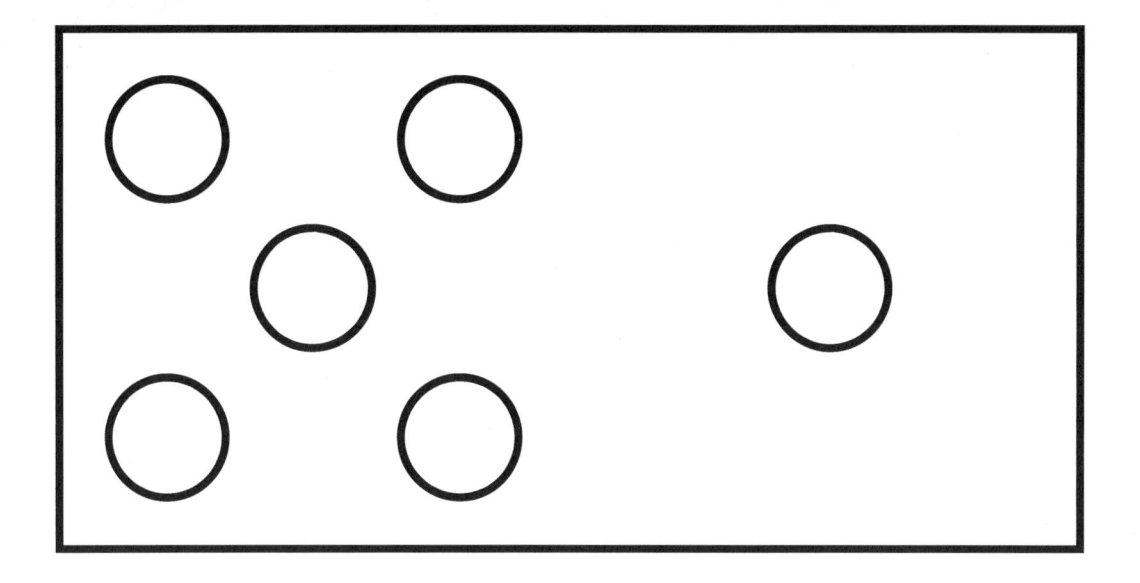

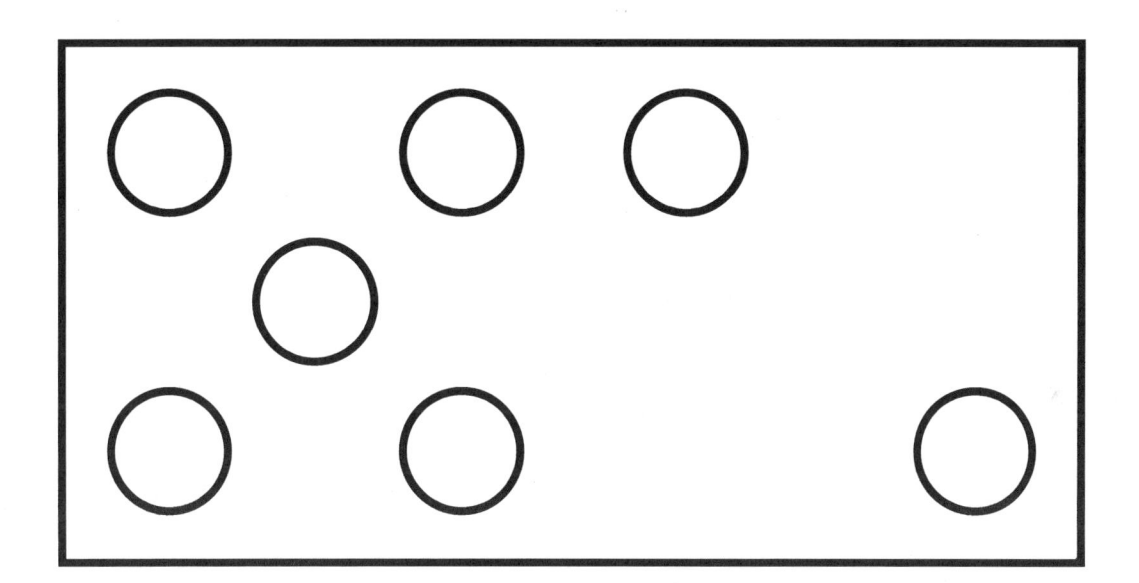

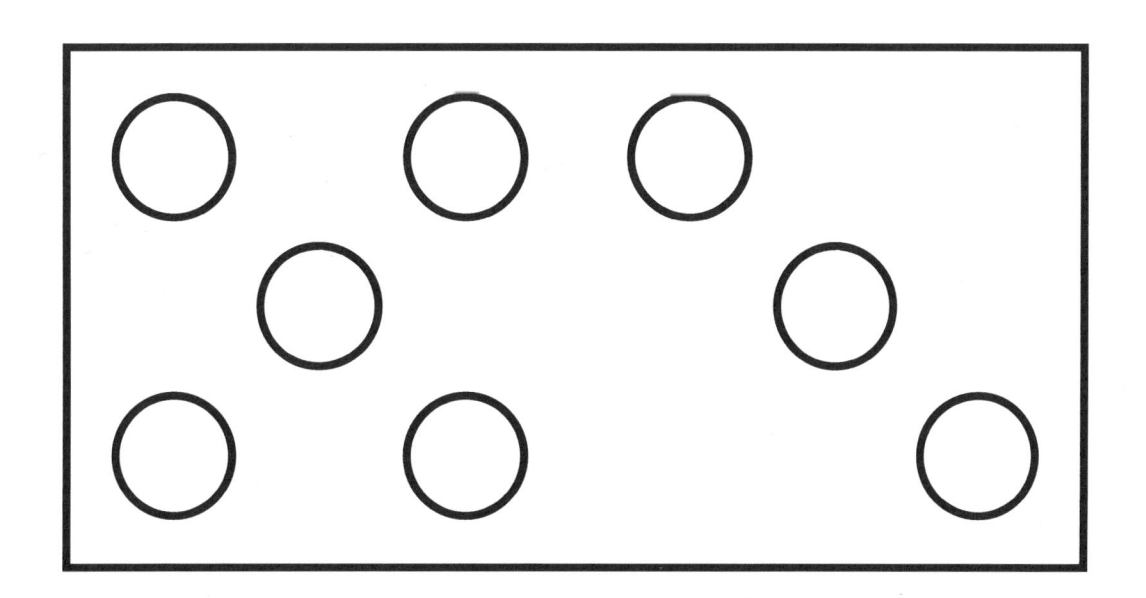

Kennbilder

KV 1/2

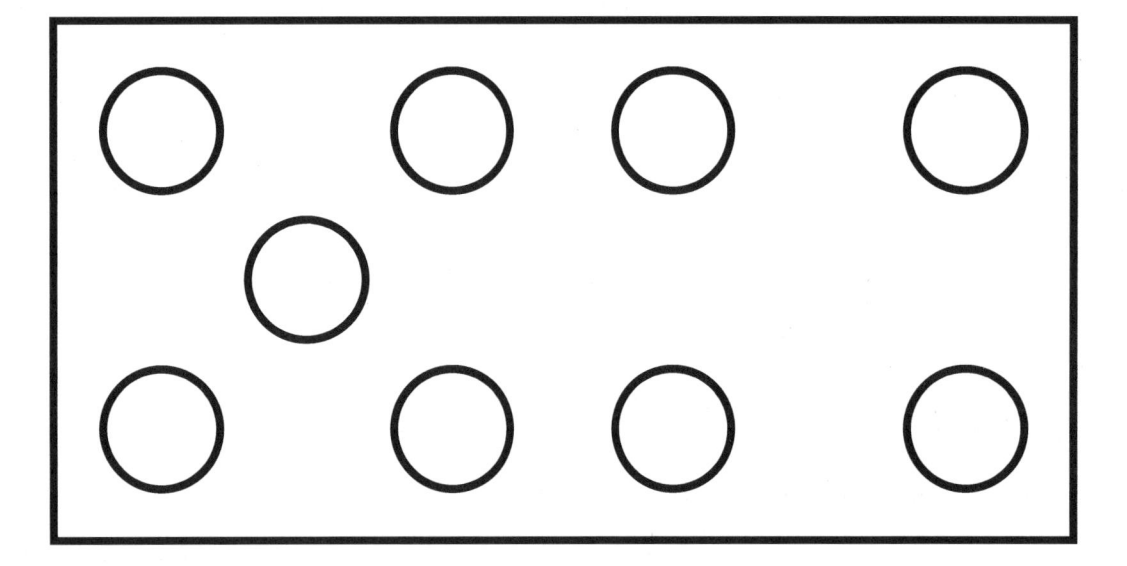

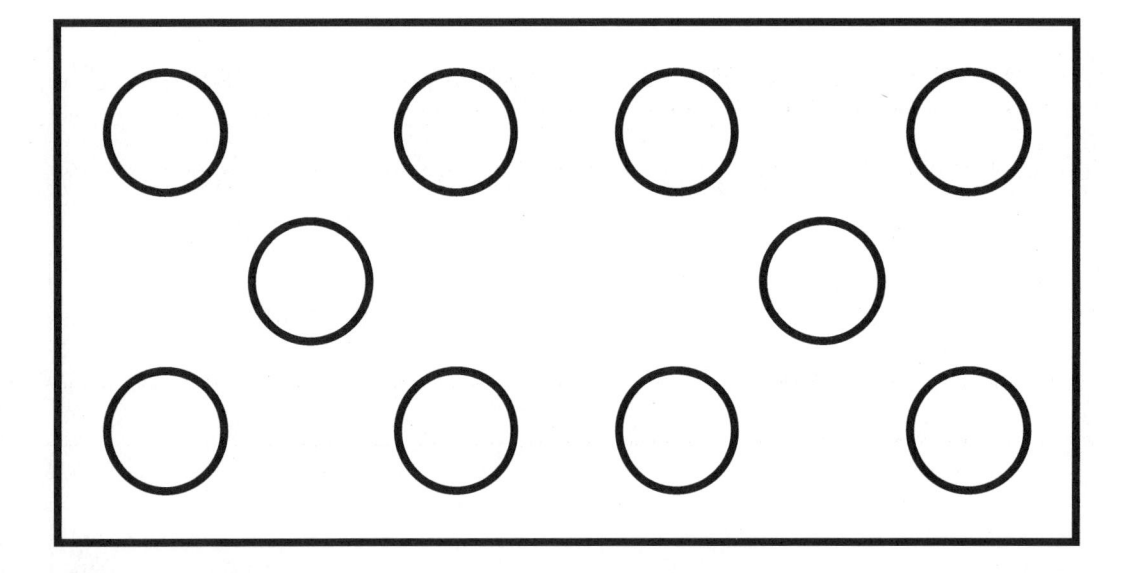

Kennbilder

KV 1/3

Symbolkarte für Piratenaufgaben	Symbolkarte für Schummelaufgaben	Symbolkarte für Blitzblickaufgaben

42

Jasmin Jost: Wir erobern den Zahlenraum bis 10
© Persen Verlag

Kennbilder und Ziffernkarten

KV 1/4

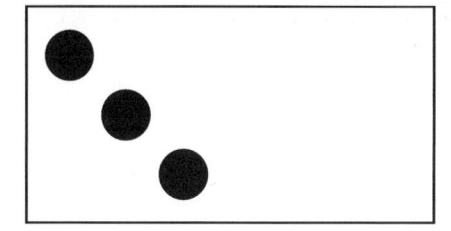

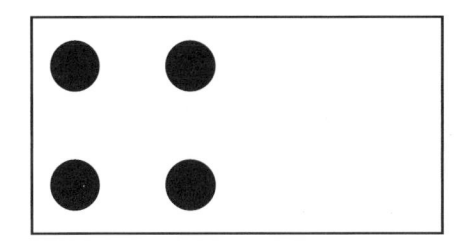

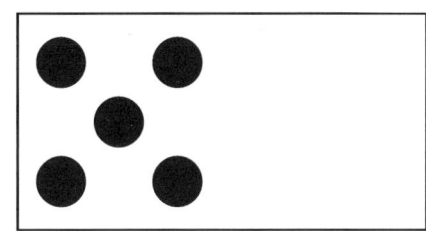

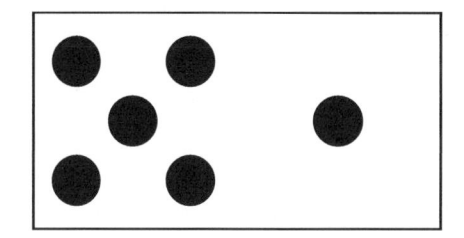

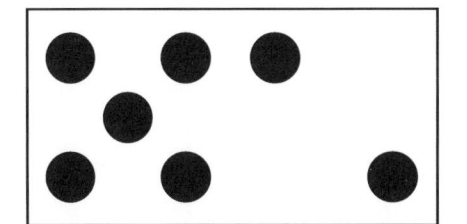

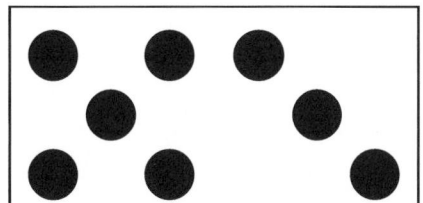

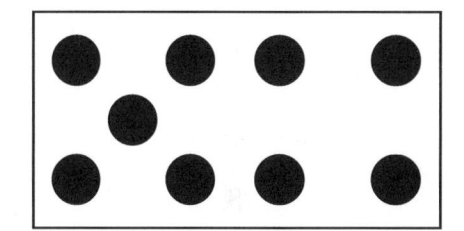

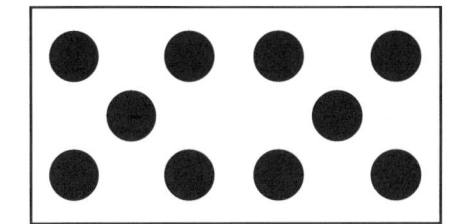

JOKER

1

2   3   4

5   6   7

8   9   10

Jasmin Jost: Wir erobern den Zahlenraum bis 10
© Persen Verlag

Kennbilder als Schätze im Sack

KV 1/5

Anmerkungen:
Die Kennbilder als Schätze im Sack sind variabel im Unterricht einzusetzen, z. B. zum Zuordnen zu den Ziffernkarten, als Vorlage für „Blitzblickaufgaben", ...
➡ S. 12

Strukturierungshilfen zum Legen der Kennbilder

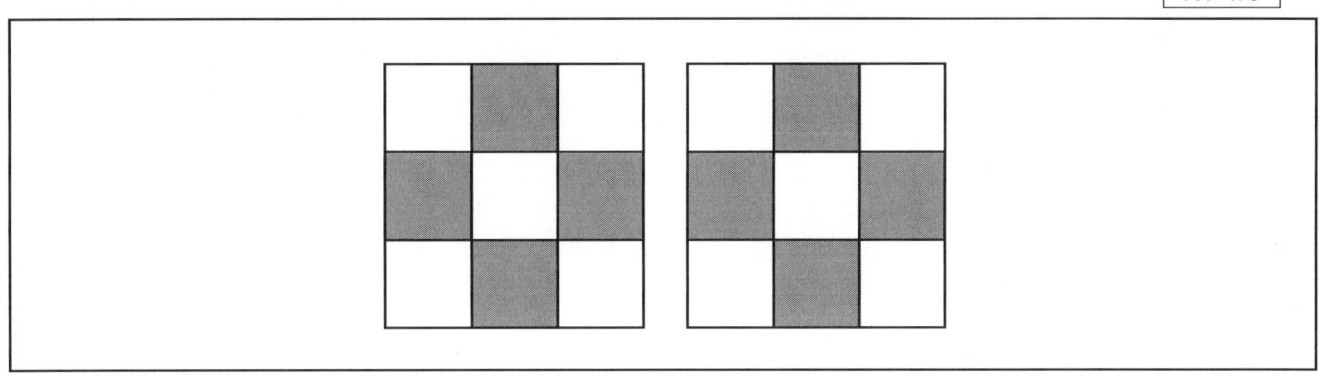

KV 1/6

Anmerkungen:
Die Strukturierungshilfen können für alle Schüler kopiert werden. Sie erleichtern das Legen, Erkennen und Nachlegen der Kennbilder durch das vorgegebene Raster.
➡ S. 12

Strukturierungshilfen zum Legen der Kennbilder

KV 1/7

Anmerkungen:
Die Strukturierungshilfen „Truhe" und „Beutel" können für alle Schüler kopiert werden. Sie erleichtern das Legen, Erkennen und Nachlegen der Kennbilder.
➡ S. 12 f. (Die Truhe wird erst in Übungseinheit 2 eingeführt, s. S. 15.)

Blitzblickaufgaben

KV 1/8

1 Male das Würfelbild genau so, wie du es gesehen hast.
Schreibe dann die Zahl darunter.

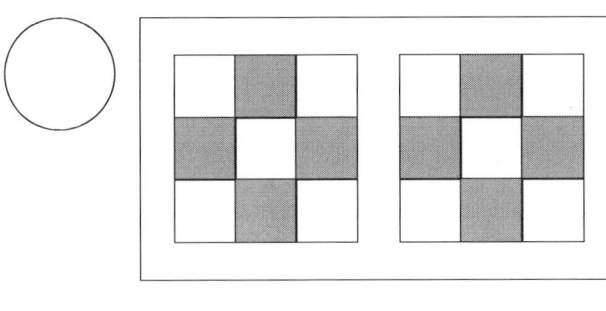

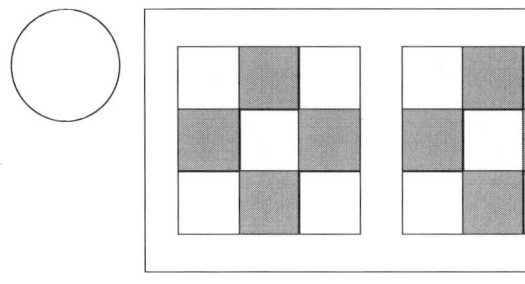

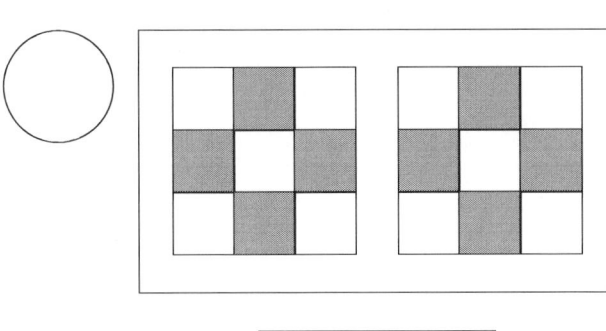

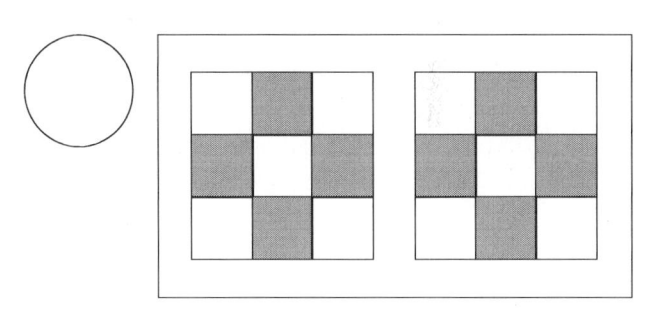

2 Ordne die Zahlen nach der Größe und nummeriere sie.
Beginne dabei mit der kleinsten Zahl.

3 Male selbst Würfelbilder.

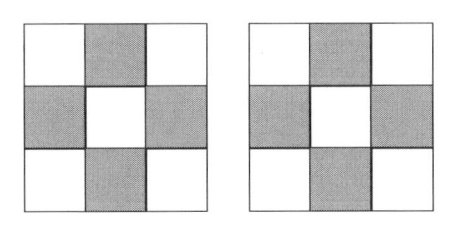

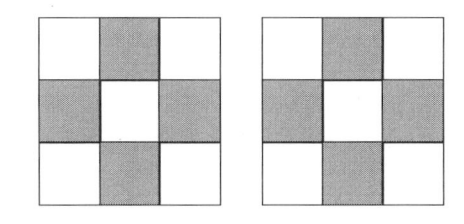

Jasmin Jost: Wir erobern den Zahlenraum bis 10
© Persen Verlag

Welchen Schatz klaut die diebische Elster?

KV 1/9

1 Die schlaue Elster öffnet ihren Schnabel zum größeren Schatz.
Setze > oder < ein und unterstreiche die größere Zahl.

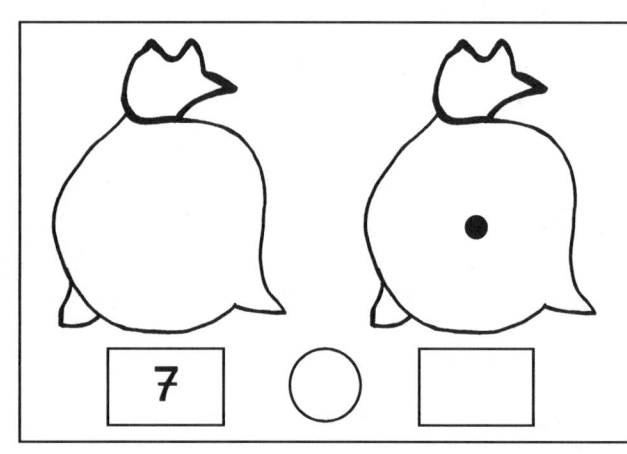

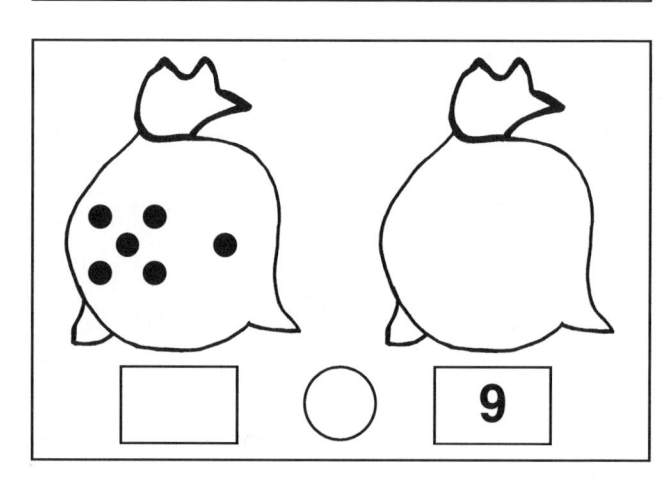

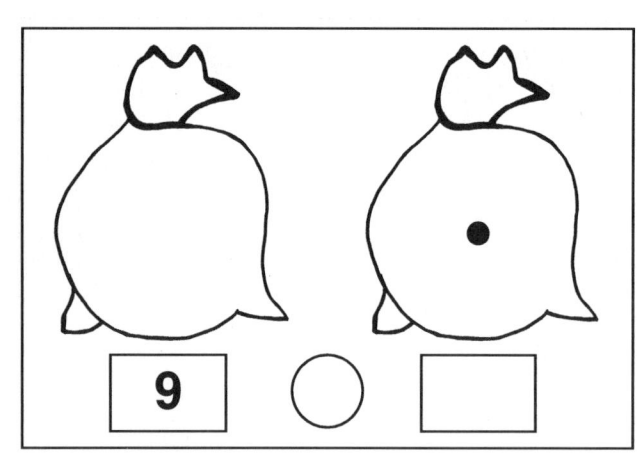

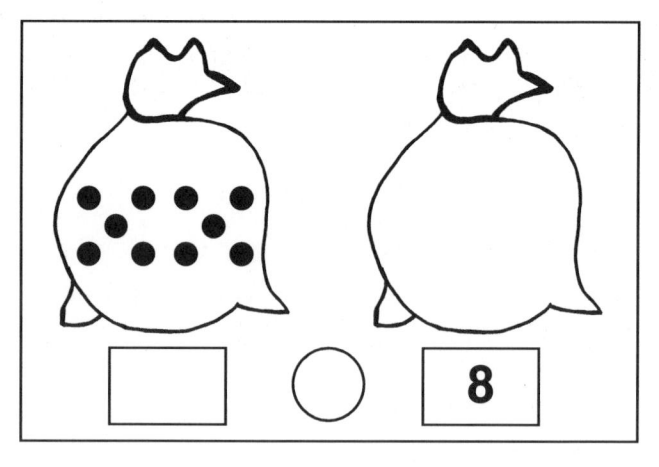

5 ◯ 3	9 ◯ 5
7 ◯ (1)	(5) ◯ 9
9 ◯ (1)	(10) ◯ 8

2 Schneide die Kästchen aus und ordne die Zahlen nach der Größe.
Beginne dabei mit der größten Zahl.

| | 8 | | 4 | | 5 |

48

Welchen Schatz klaut die diebische Elster?

KV 1/9 Blanko

1 Die schlaue Elster öffnet ihren Schnabel zum größeren Schatz.
Setze > oder < ein und unterstreiche die größere Zahl.

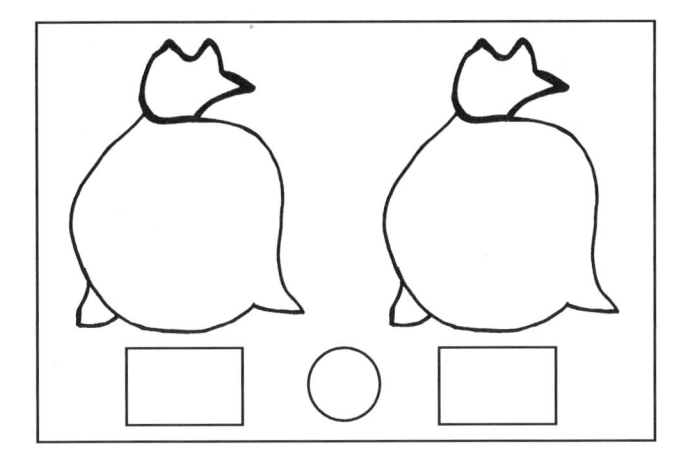

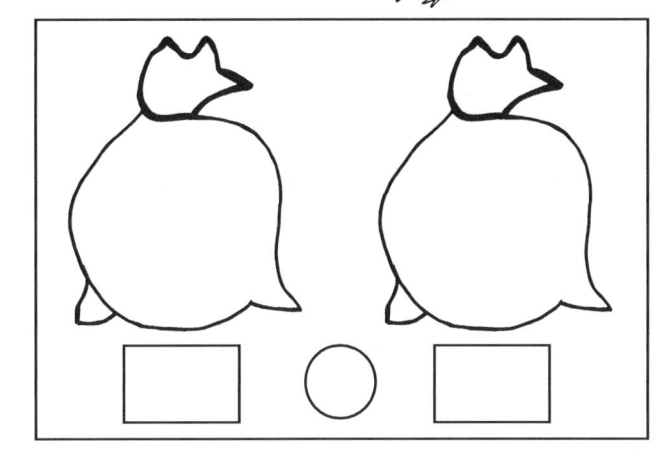

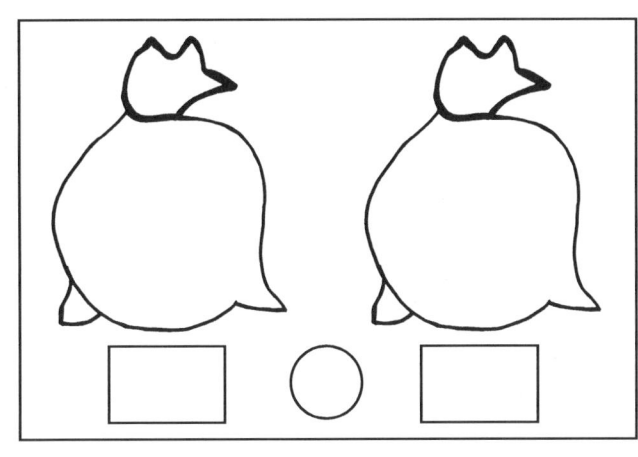

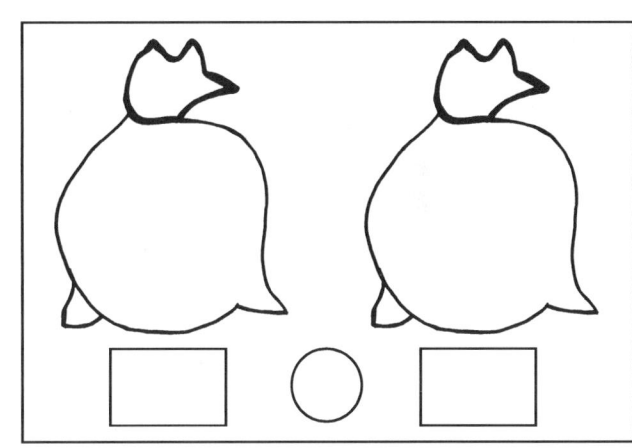

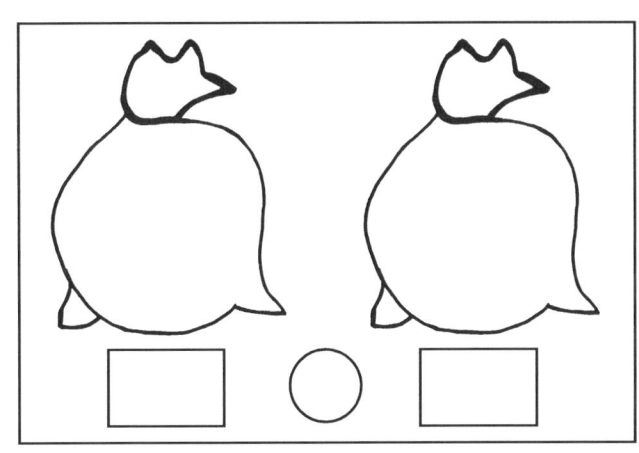

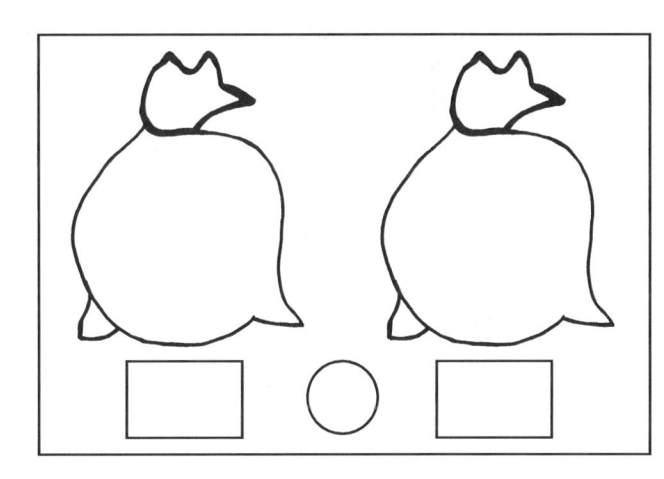

2 Schneide die Kästchen aus und ordne die Zahlen nach der Größe.
Beginne dabei mit der größten Zahl.

Jasmin Jost: Wir erobern den Zahlenraum bis 10
© Persen Verlag

Wie viele Schätze gibts auf hoher See?

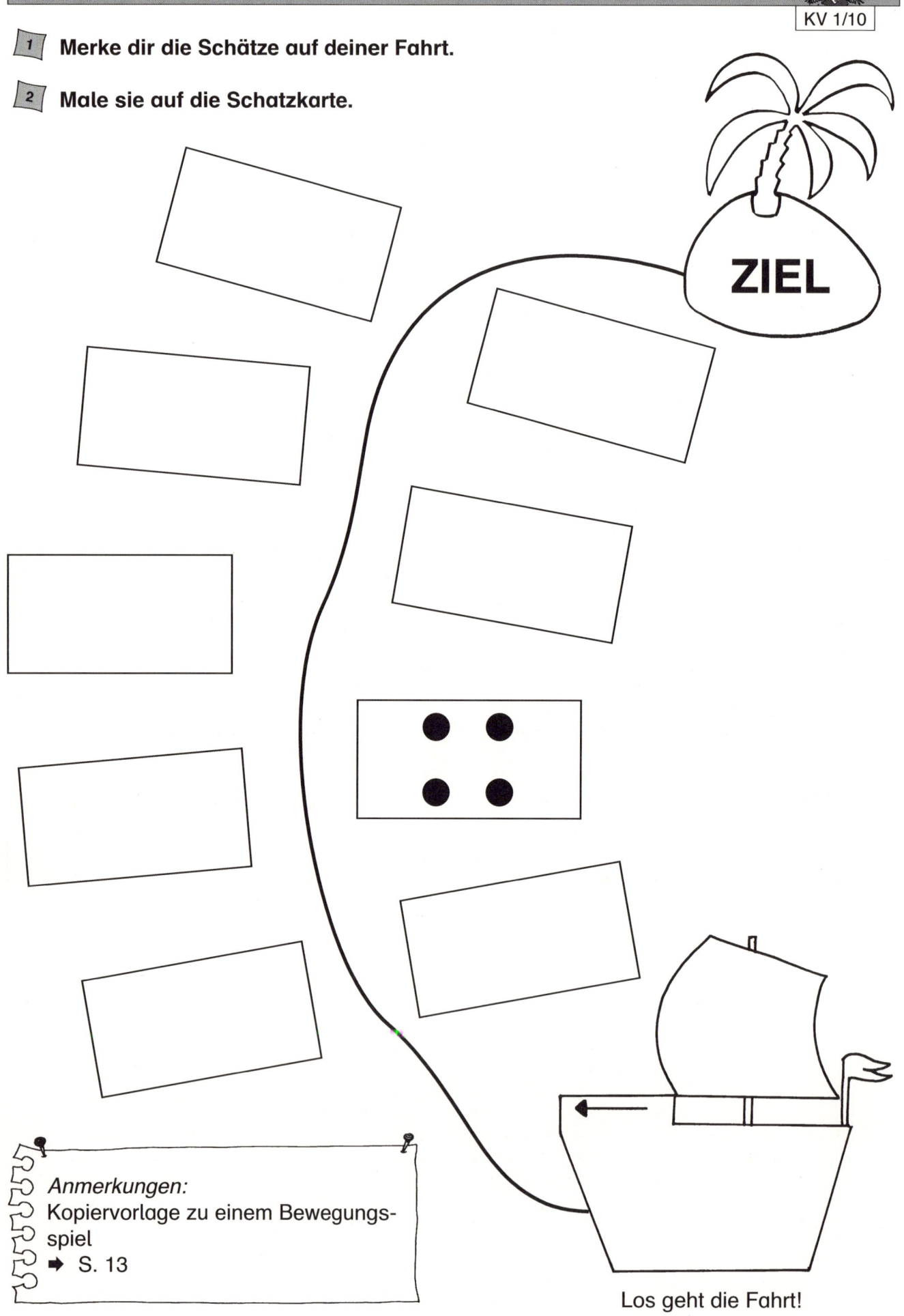

1 Merke dir die Schätze auf deiner Fahrt.

2 Male sie auf die Schatzkarte.

ZIEL

Anmerkungen:
Kopiervorlage zu einem Bewegungsspiel
➡ S. 13

Los geht die Fahrt!

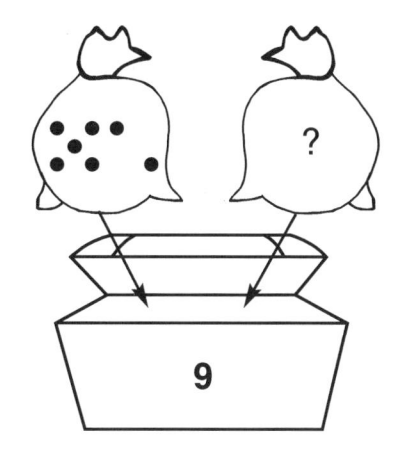

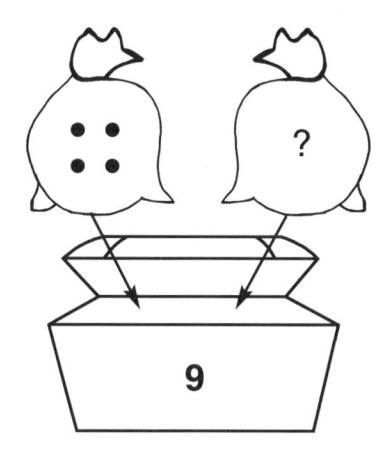

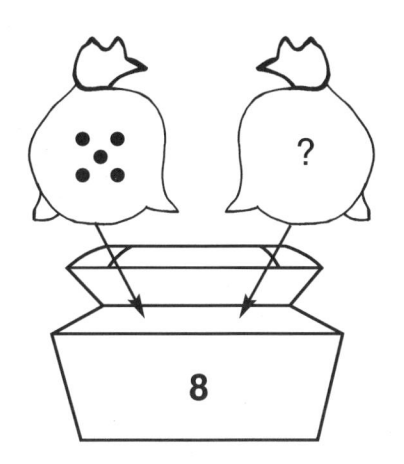

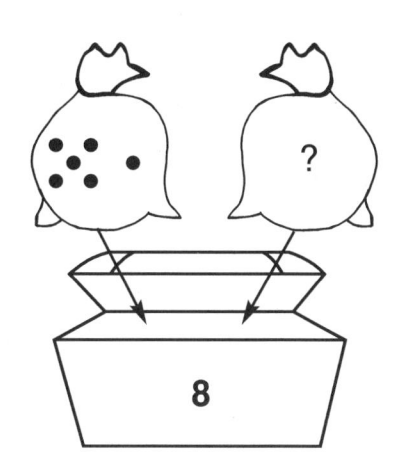

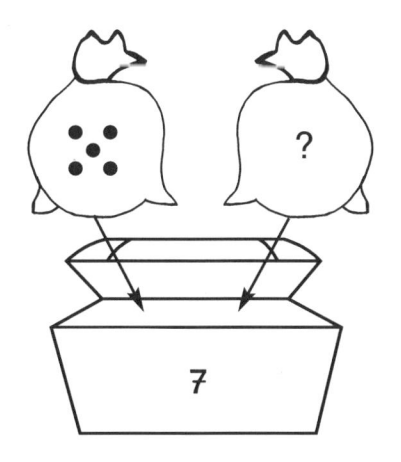

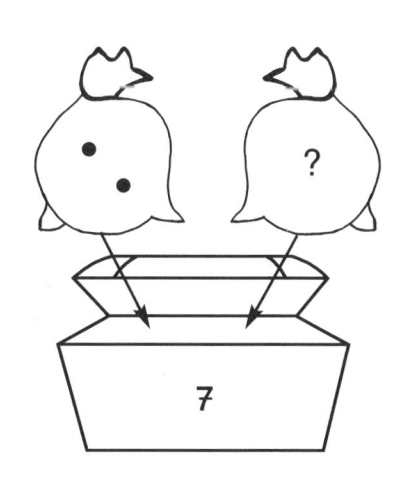

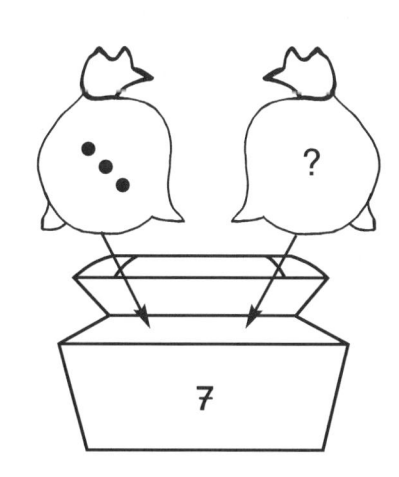

Wie viele Edelsteine sind im Sack versteckt?

KV 2/1

1 Schau genau und ergänze die fehlende Zahl.

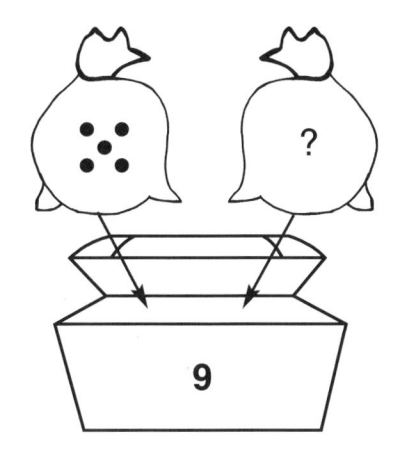

9	9	9
5 + ___ = 9	7 + ___ = 9	4 + ___ = 9

8	8	8
5 + ___ = 8	6 + ___ = 8	3 + ___ = 8

7	7	7
5 + ___ = 7	2 + ___ = 7	3 + ___ = 7

Jasmin Jost: Wir erobern den Zahlenraum bis 10
© Persen Verlag

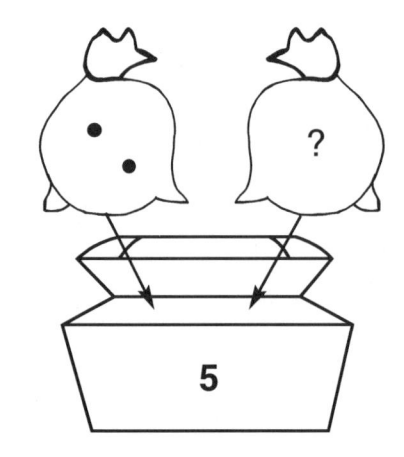

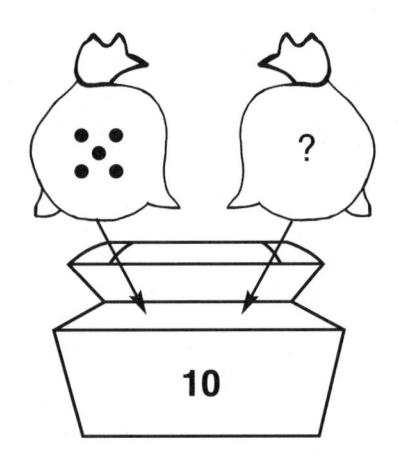

Wie viele Edelsteine sind im Sack versteckt?

KV 2/1
Blanko

1 Schau genau und ergänze die fehlende Zahl.

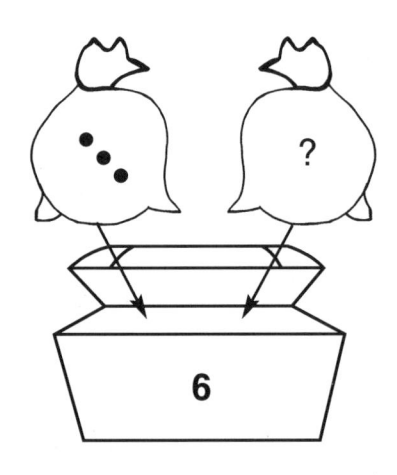

6	5	4
3 + ___ = 6	2 + ___ = 5	4 + ___ = 4

10	8	8
5 + ___ = 10	7 + ___ = 8	3 + ___ = 8

___ + ___ = ___   ___ + ___ = ___   ___ + ___ = ___

Wie viele Edelsteine sind in der Truhe versteckt?

1 Schau genau und ergänze die fehlende Zahl.

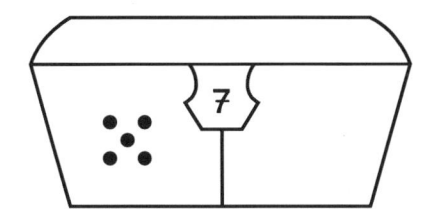

| 5 + ___ = 7 | 2 + ___ = 7 | 4 + ___ = 7 |

| 4 + ___ = 9 | 2 + ___ = 9 | 6 + ___ = 9 |

| 2 + ___ = 8 | 1 + ___ = 8 | 4 + ___ = 8 |

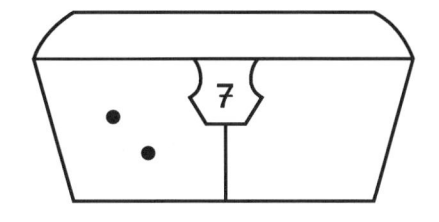

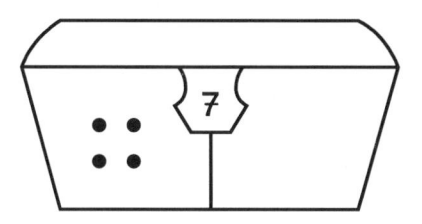

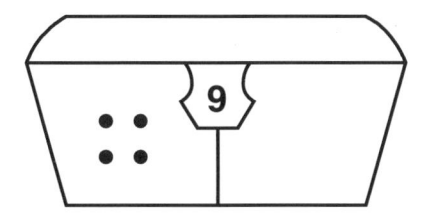

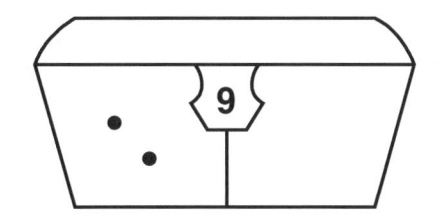

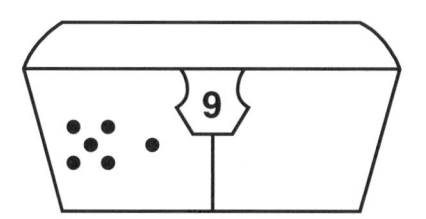

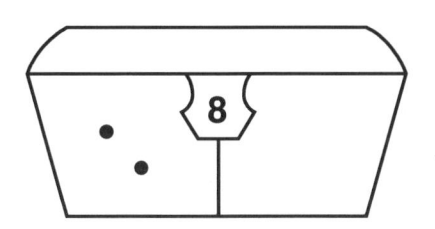

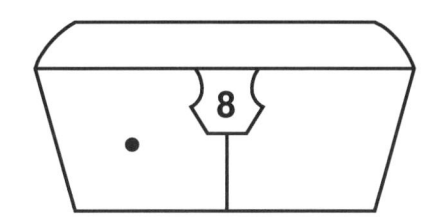

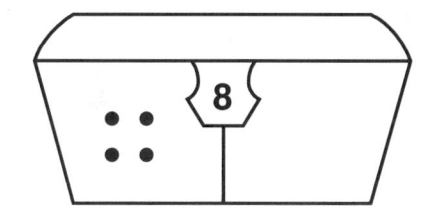

2 Aufgepasst! Herr Schummel hat Fehler versteckt. Findest du sie? Verbessere die Fehler.

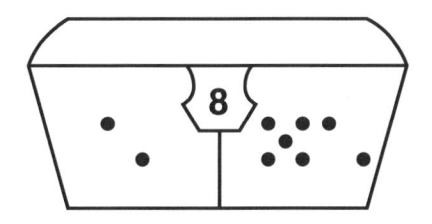

| 2 + 7 = 8 | 1 + 4 = 6 | 4 + 3 = 8 |

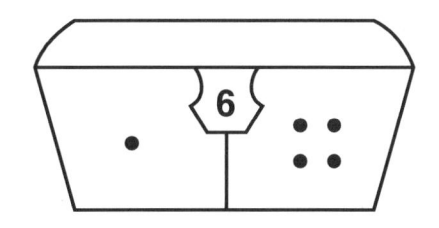

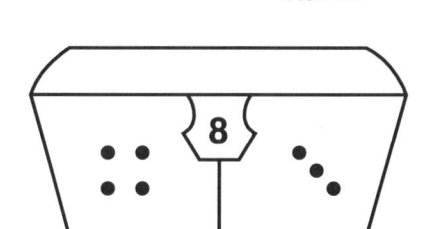

Wie viele Edelsteine sind in der Truhe versteckt?

KV 2/2
Blanko

1 Schau genau und ergänze die fehlende Zahl.

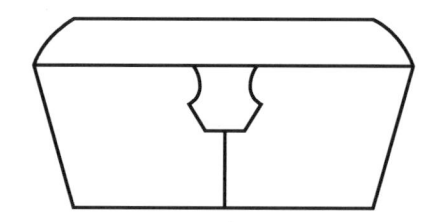

___ + ___ = ___   ___ + ___ = ___   ___ + ___ = ___

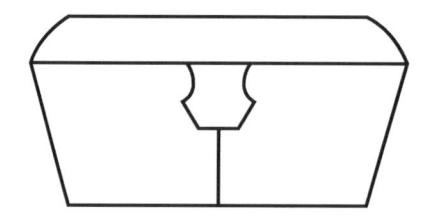

___ + ___ = ___   ___ + ___ = ___   ___ + ___ = ___

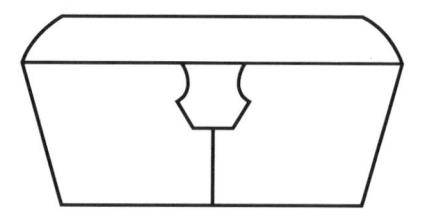

___ + ___ = ___   ___ + ___ = ___   ___ + ___ = ___

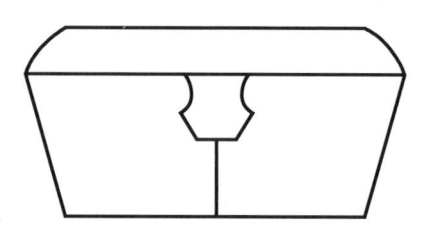

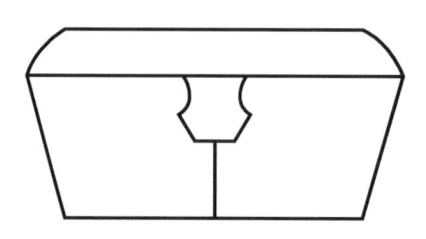

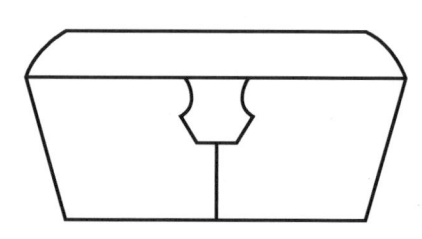

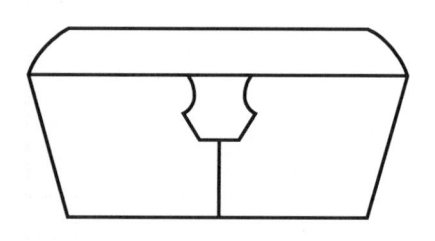

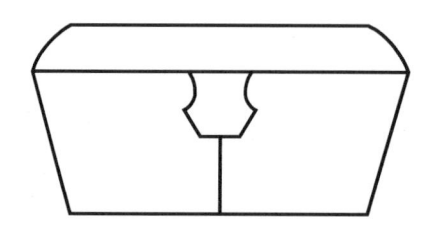

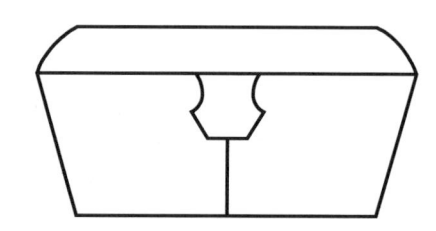

2 Aufgepasst! Herr Schummel hat Fehler versteckt. Findest du sie? Verbessere die Fehler.

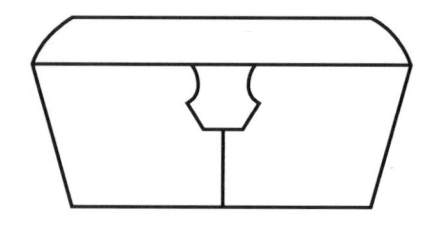

___ + ___ = ___   ___ + ___ = ___   ___ + ___ = ___

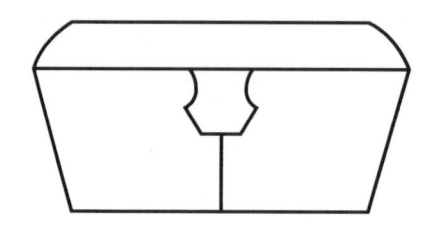

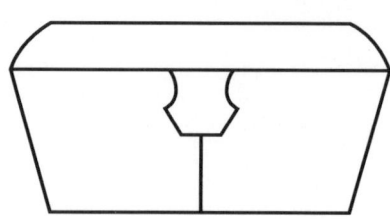

Zahlen zerlegen

1 Schneide die Kärtchen aus.

5 = 3 + 2	4 = 3 + 1	6 = 3 + 3
6 = 4 + 2	5 = 4 + 1	6 = 5 + 1

2 Schau ganz genau und klebe die Kärtchen zu den richtigen Bildern.

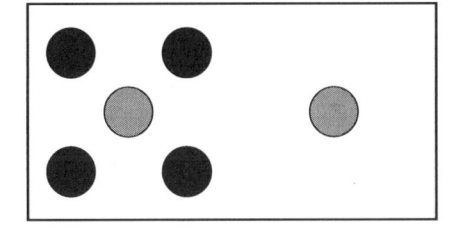

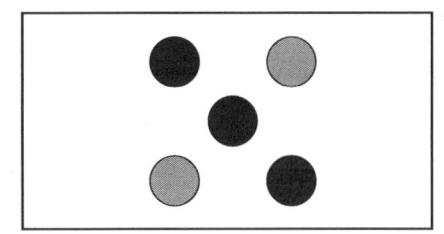

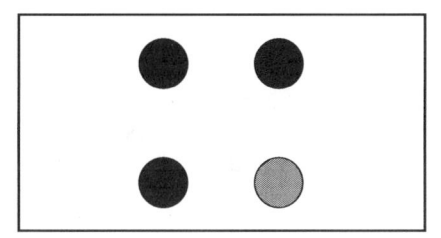

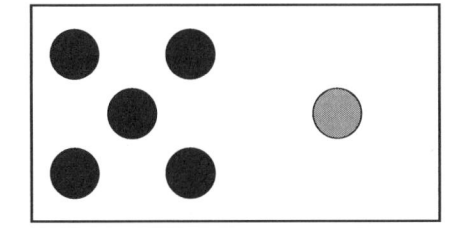

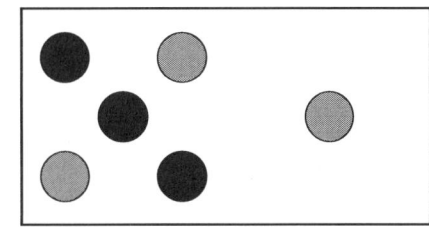

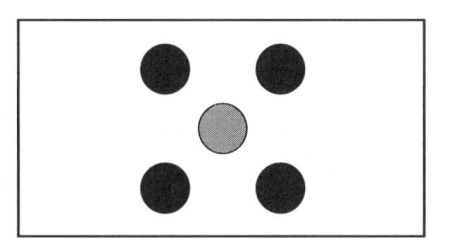

Zahlen zerlegen

1 Schneide die Kärtchen aus.

7 = 5 + 2	8 = 4 + 4	9 = 5 + 4
8 = 6 + 2	7 = 4 + 3	9 = 7 + 2

2 Schau ganz genau und klebe die Kärtchen zu den richtigen Bildern.

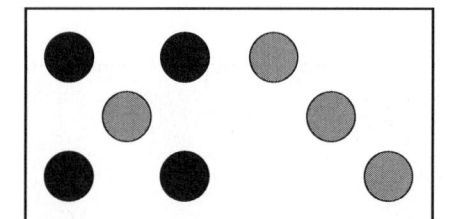

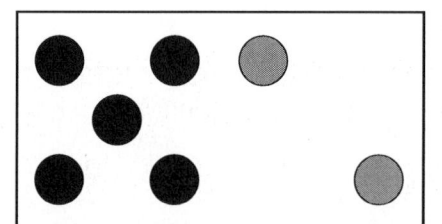

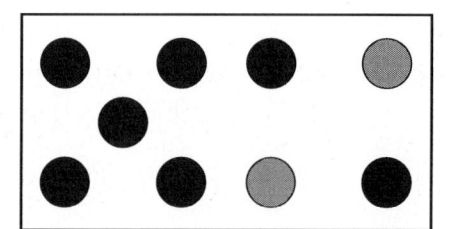

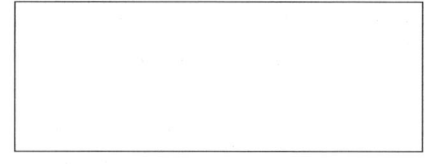

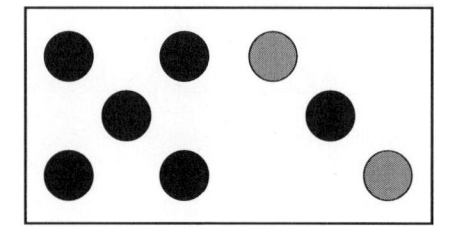

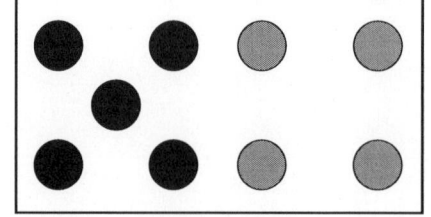

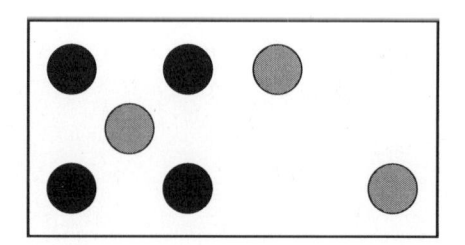

Zahlen zerlegen

1 Schau genau. Schreibe die Zahlen unter die Bilder.

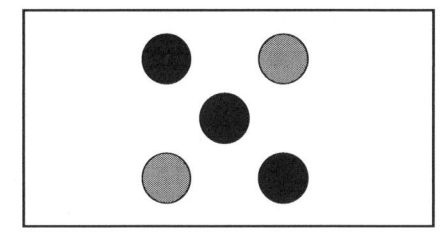

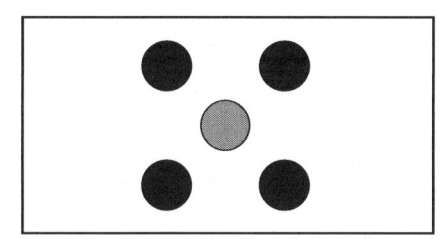

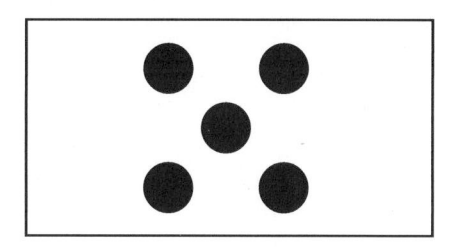

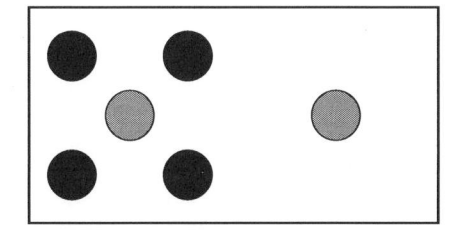

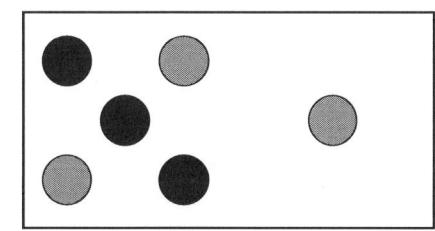

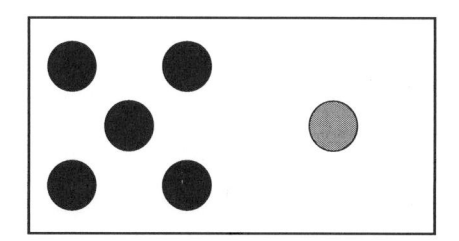

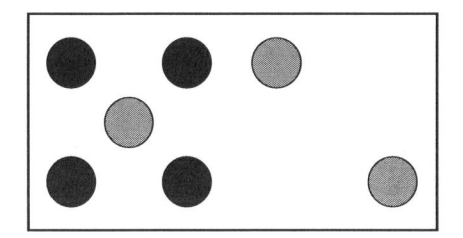

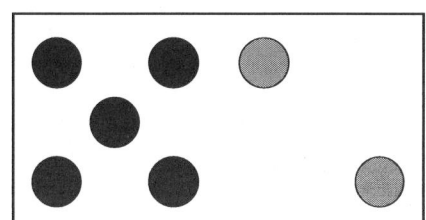

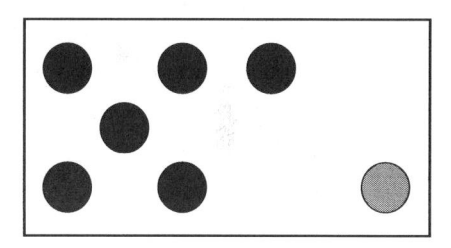

5 = ___ + ___   5 = ___ + ___   5 = ___ + ___

6 = ___ + ___   6 = ___ + ___   6 = ___ + ___

7 = ___ + ___   7 = ___ + ___   7 = ___ + ___

2 Male selbst.

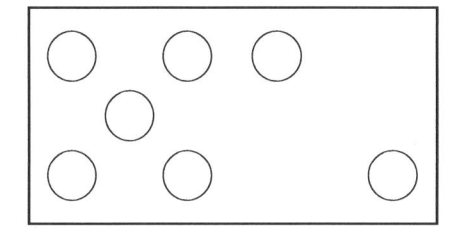

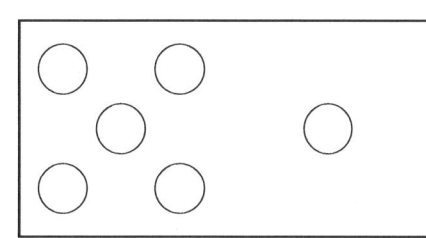

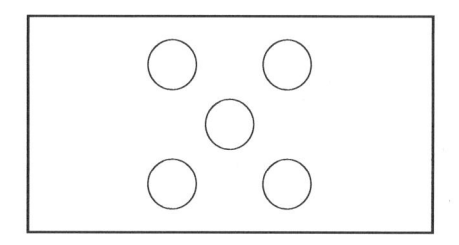

7 = 4 + 3   6 = 4 + 2   5 = 3 + 2

Zahlen zerlegen

KV 2/6

1 Schau genau. Schreibe die Zahlen unter die Bilder.

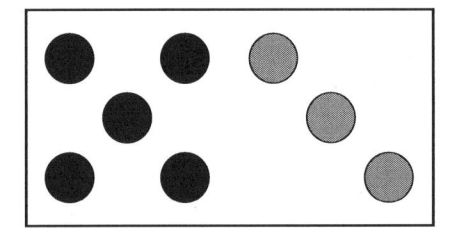

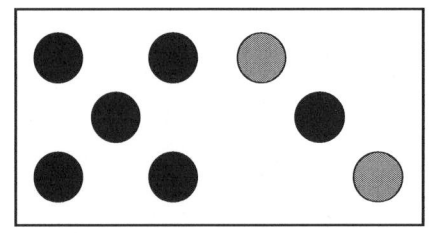

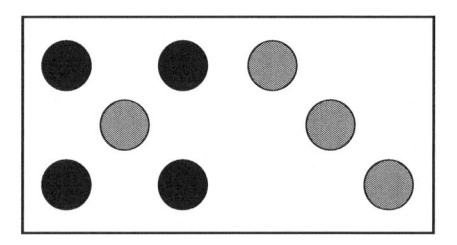

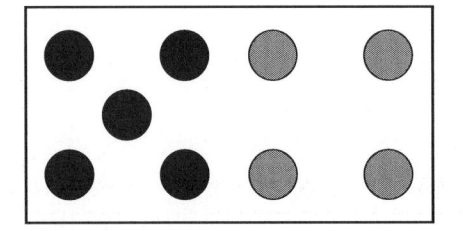

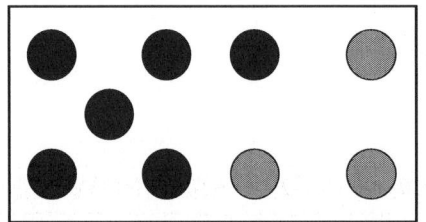

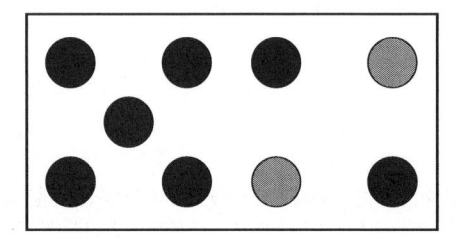

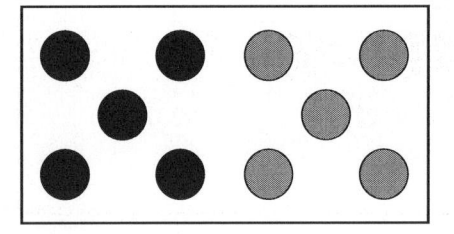

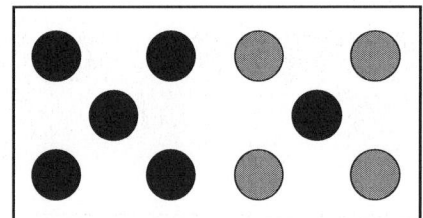

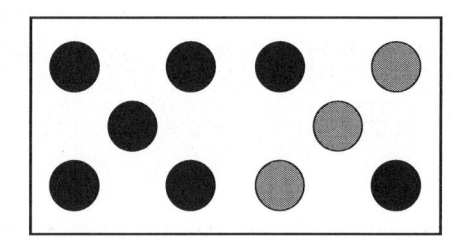

| 8 = ___ + ___ | 8 = ___ + ___ | 8 = ___ + ___ |

| 9 = ___ + ___ | 9 = ___ + ___ | 9 = ___ + ___ |

| 10 = ___ + ___ | 10 = ___ + ___ | 10 = ___ + ___ |

2 Welche Zahl fehlt? Schreibe sie auf.

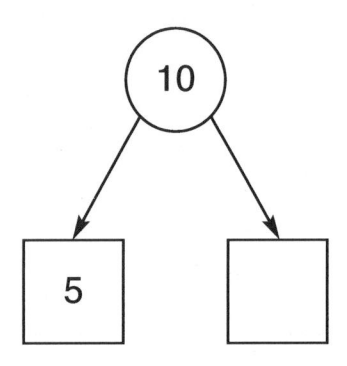

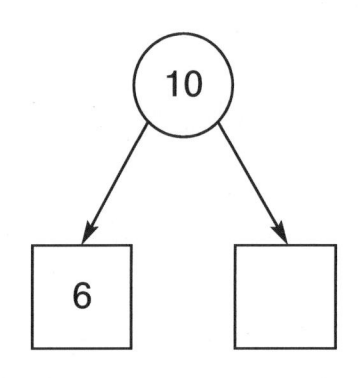

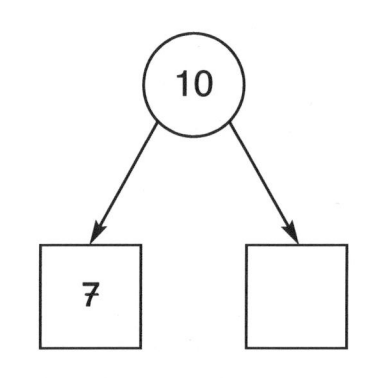

10 → 5, ___

10 → 6, ___

10 → 7, ___

Zahlen zerlegen

1 Schau genau. Wie sind die Zahlen zerlegt? Schreibe die Aufgaben auf.

Blanko

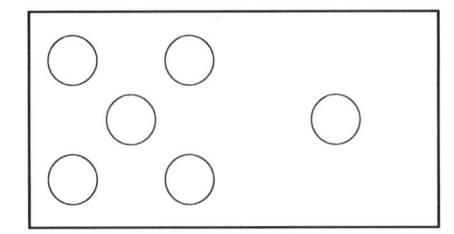

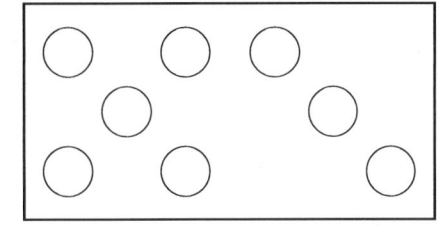

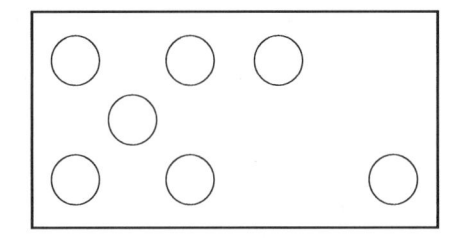

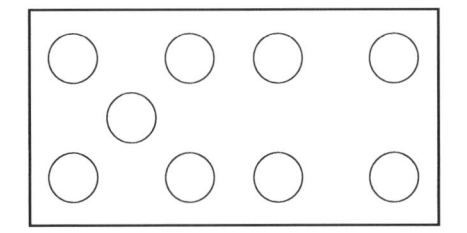

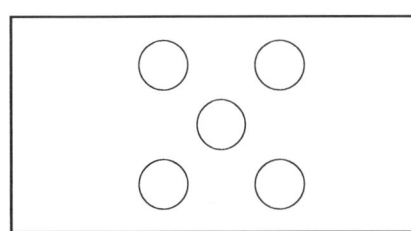

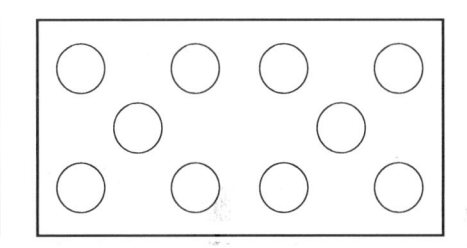

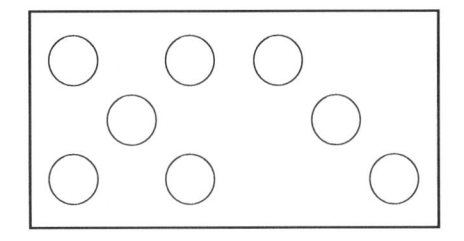

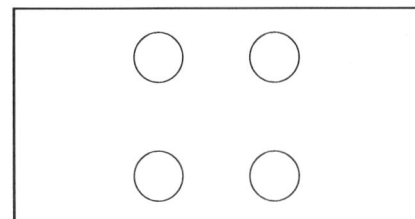

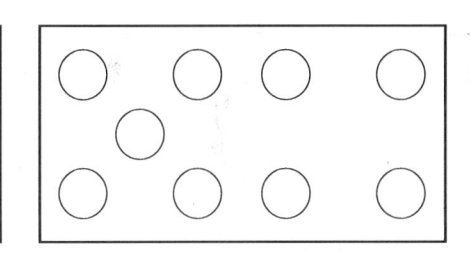

___ = ___ + ___   ___ = ___ + ___   ___ = ___ + ___

___ = ___ + ___   ___ = ___ + ___   ___ = ___ + ___

___ = ___ + ___   ___ = ___ + ___   ___ = ___ + ___

2 Welche Zahl fehlt? Schreibe sie auf.

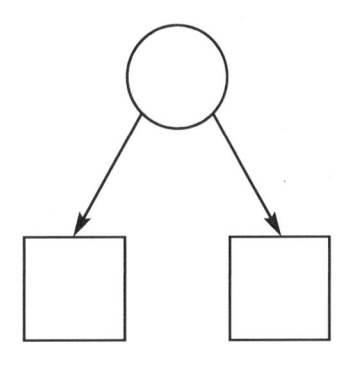

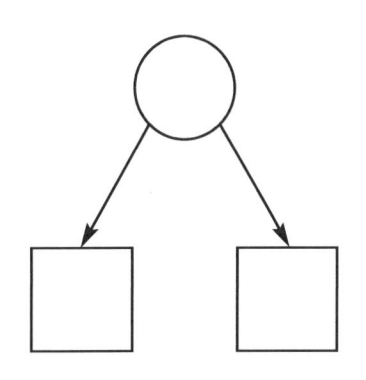

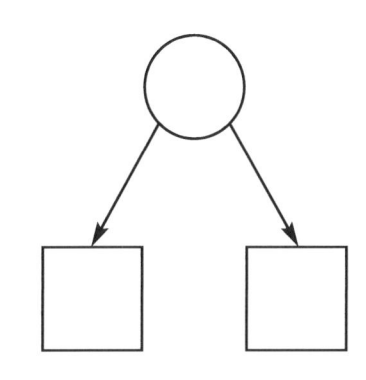

Zahlen zerlegen

1 Schau genau. Wo hat Herr Schummel Fehler gemacht? Verbessere die Fehler.

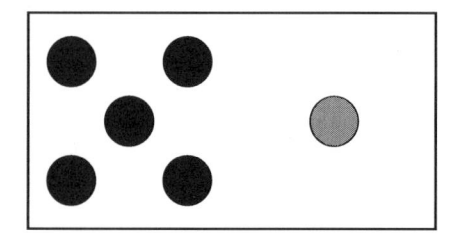

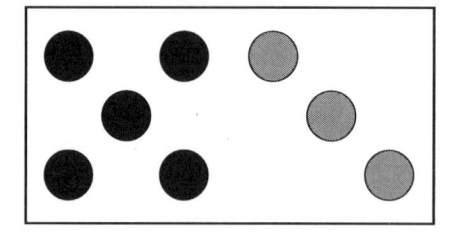

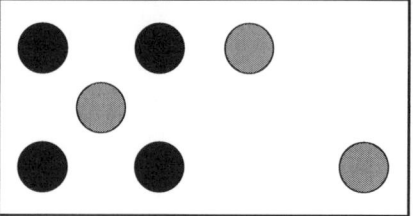

KV 2/7

5 = 6 + 1

8 = 5 + 4

7 = 5 + 3

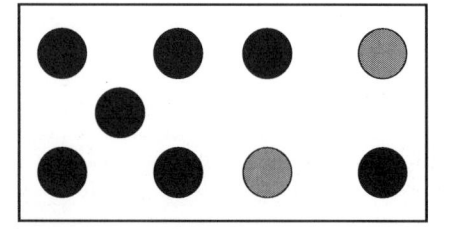

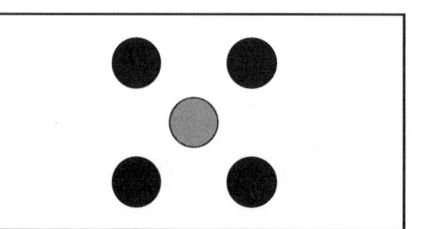

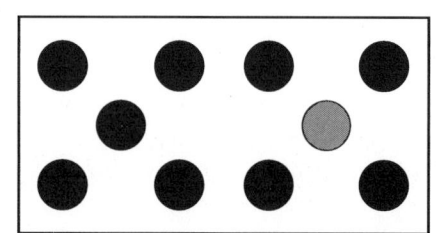

9 = 7 + 2

5 = 4 + 2

10 = 9 + 1

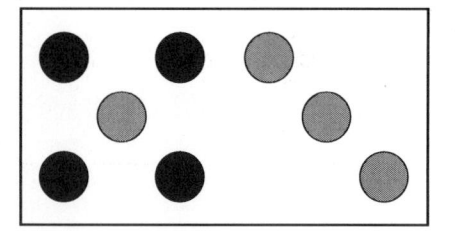

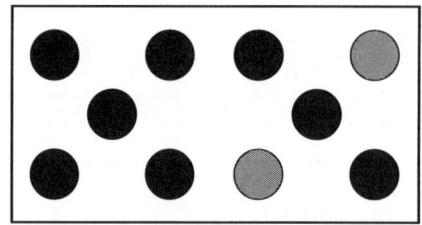

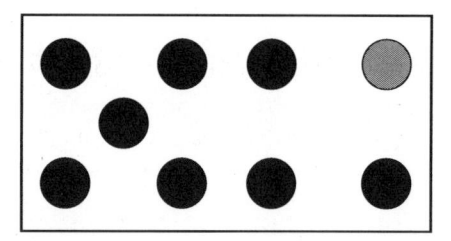

8 = 4 + 3

10 = 8 + 2

9 = 7 + 1

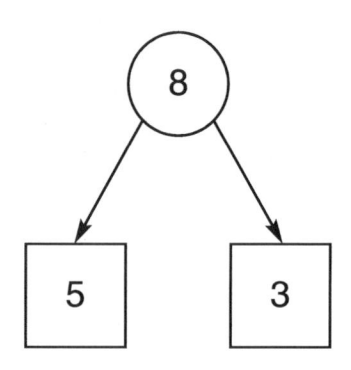

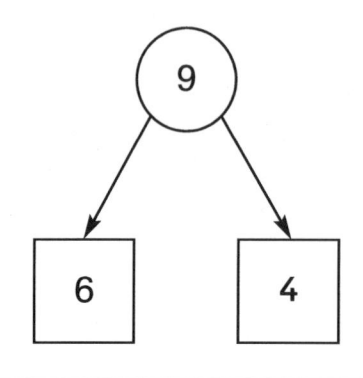

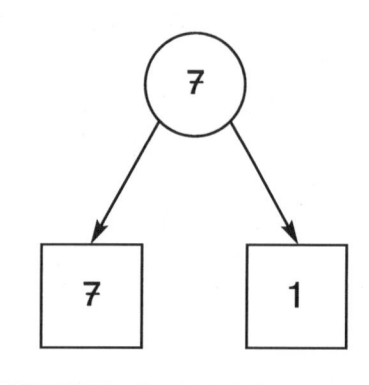

8 → 5, 3

9 → 6, 4

7 → 7, 1

60

Jasmin Jost: Wir erobern den Zahlenraum bis 10
© Persen Verlag

Piratenschiff

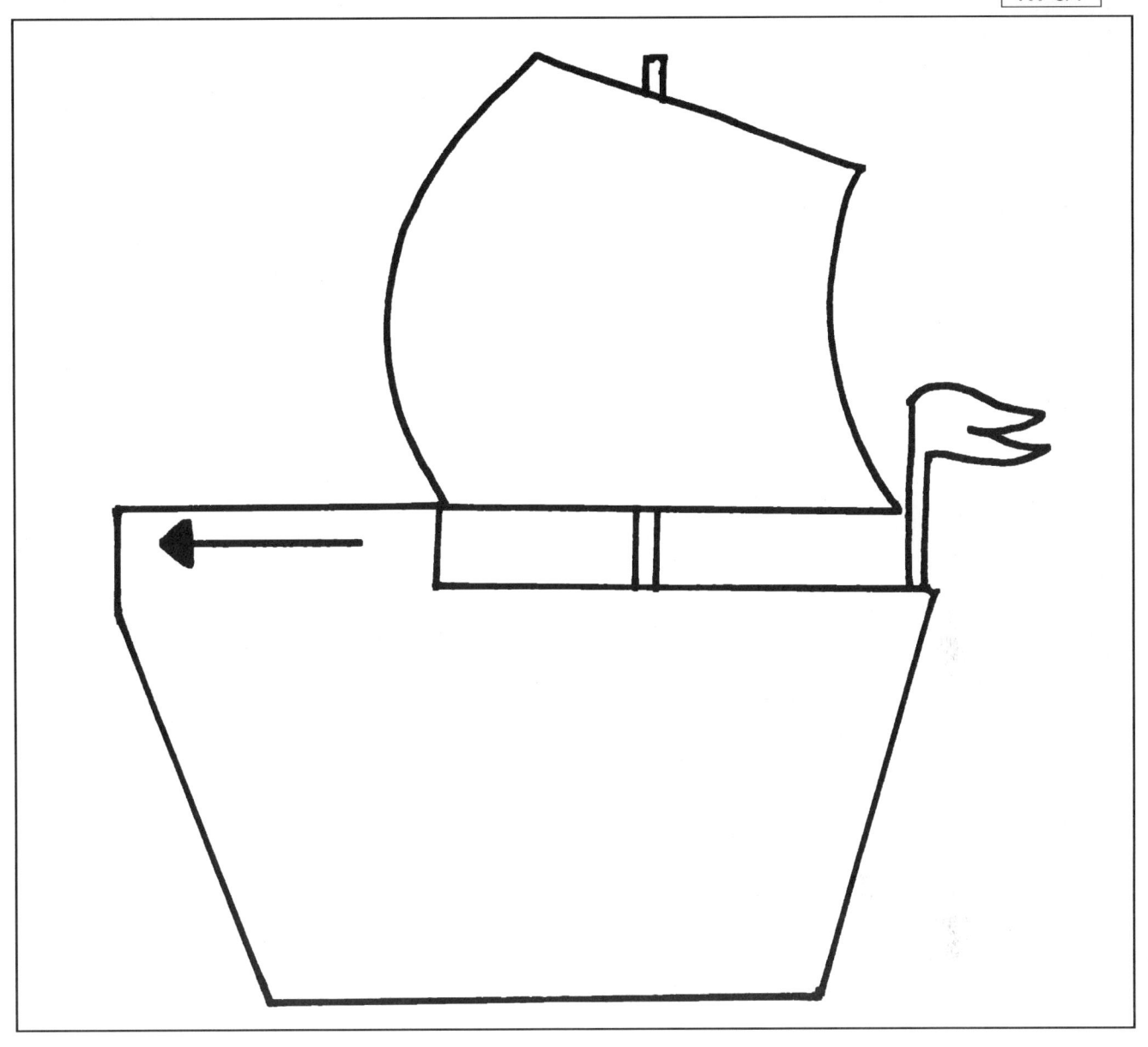

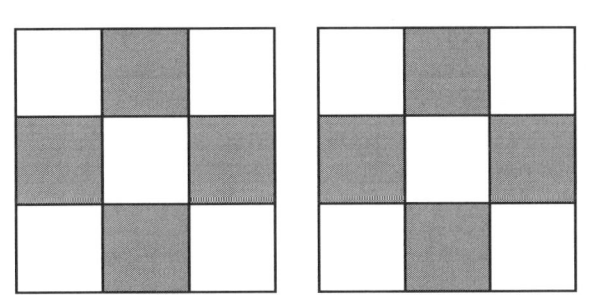

KV 3/1

Anmerkungen:
- Vorderseite des Piratenschiffs (mit Rückseite zusammenkleben)
- für die Schülerhand zum Nachspielen der Additions- und Subtraktions-Piratengeschichten
- kann von den Schülern angemalt bzw. individuell ausgestaltet werden
- Strukturierungshilfe (Raster) kann zum übersichtlichen Legen der Kennbilder bei Bedarf auf das Schiff geklebt werden

Piratenschiff

KV 3/2

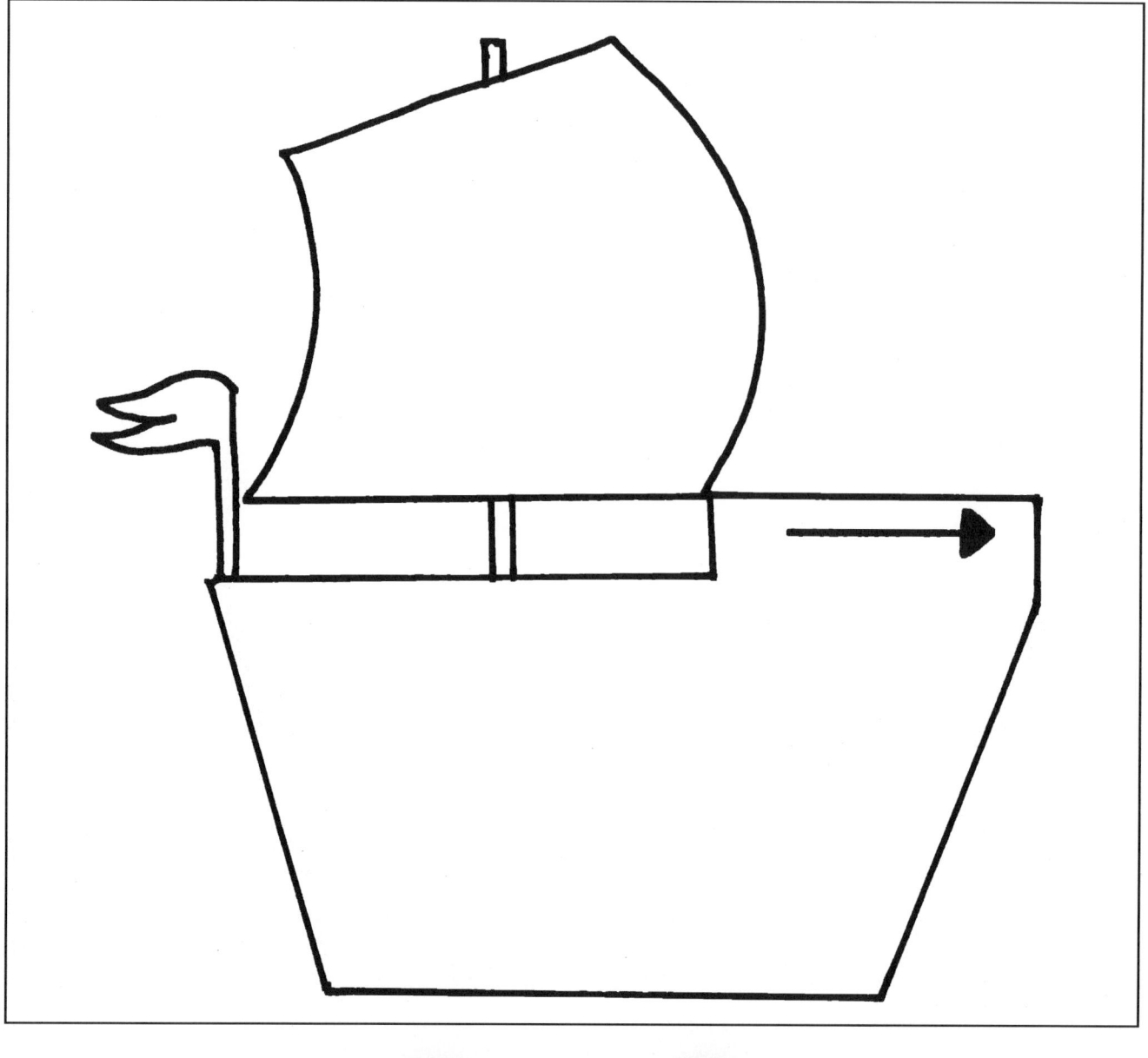

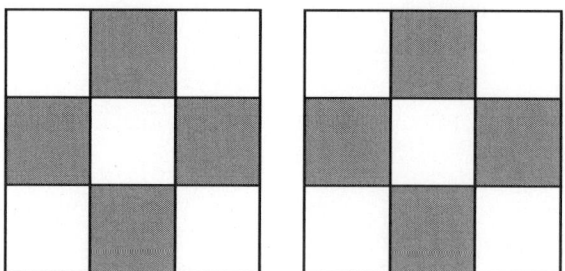

Anmerkungen:
- Rückseite des Piratenschiffs (mit Vorderseite zusammenkleben)
- für die Schülerhand zum Nachspielen der Additions- und Subtraktions-Piratengeschichten
- kann von den Schülern angemalt bzw. individuell ausgestaltet werden
- Strukturierungshilfe (Raster) kann zum übersichtlichen Legen der Kennbilder bei Bedarf auf das Schiff geklebt werden

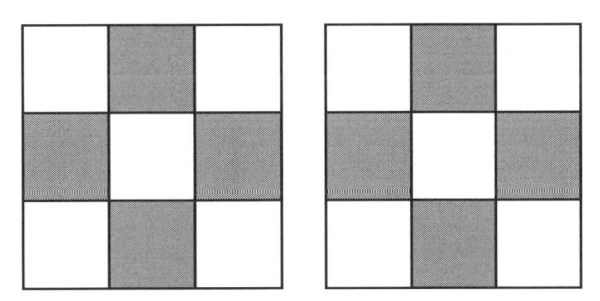

Schatzinsel

KV 3/3

Anmerkungen:
- Schatzinsel für die Schülerhand zum Nachspielen der Additions- und Subtraktions-Piratengeschichten
- kann von den Schülern angemalt bzw. individuell ausgestaltet werden
- Strukturierungshilfe (Raster) kann zum übersichtlichen Legen der Kennbilder bei Bedarf auf die Schatzinsel geklebt werden

Jasmin Jost: Wir erobern den Zahlenraum bis 10
© Persen Verlag

Anker

KV 3/4

Anmerkungen:
- Anker zweimal für jedes Kind zur Verfügung stellen
- Auf festeres Papier kopieren oder laminieren, ausschneiden und an Schiffen beweglich befestigen, sodass der Anker beim Einladen (= Minus) bzw. Ausladen (= Addition) ausgefahren werden kann. Fährt das Schiff zur Insel oder von der Insel weg, ist der Anker eingeholt.

Schaubild zur Addition und Subtraktion

KV 3/5

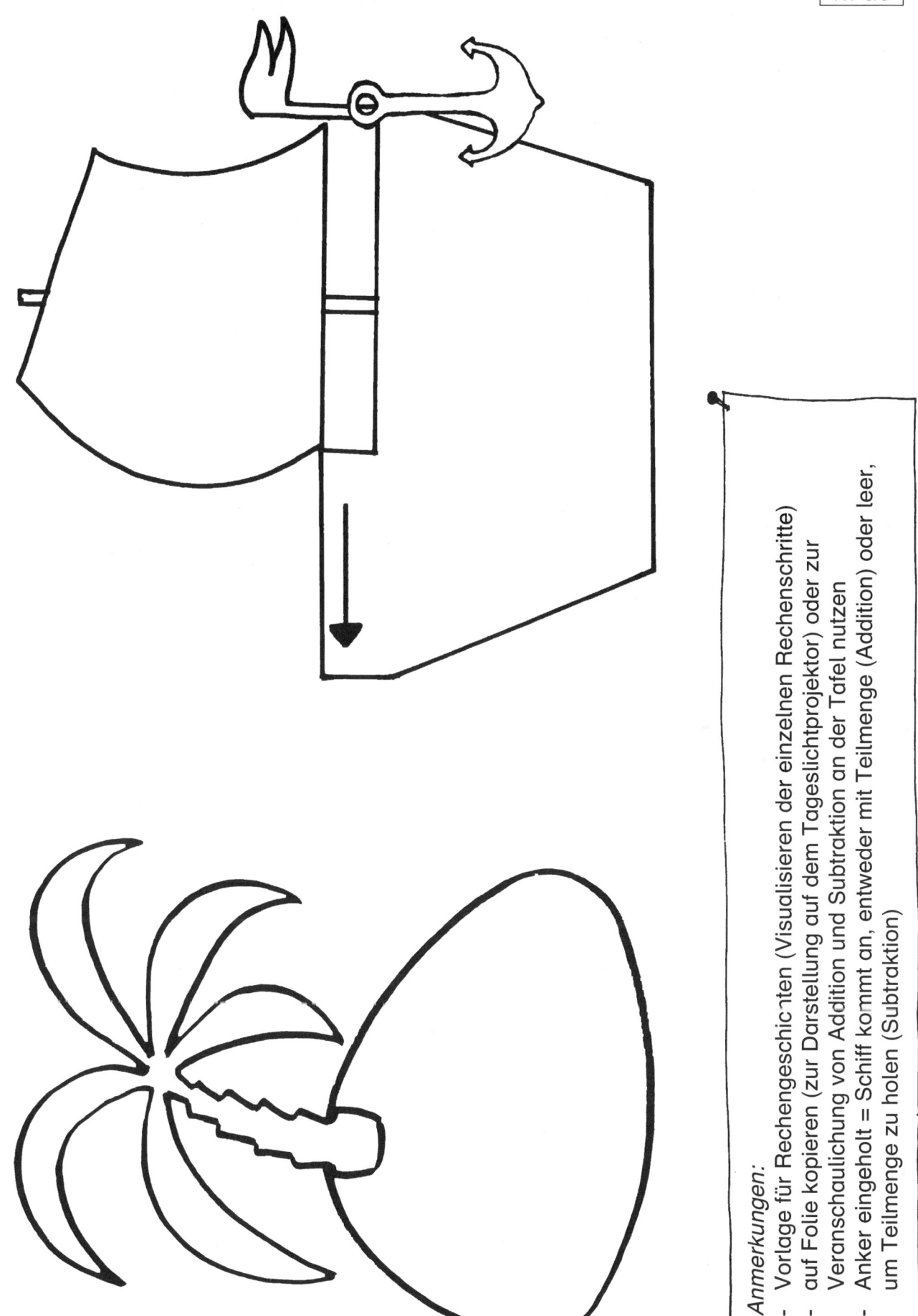

Anmerkungen:
- Vorlage für Rechengeschichten (Visualisieren der einzelnen Rechenschritte)
- auf Folie kopieren (zur Darstellung auf dem Tageslichtprojektor) oder zur Veranschaulichung von Addition und Subtraktion an der Tafel nutzen
- Anker eingeholt = Schiff kommt an, entweder mit Teilmenge (Addition) oder leer, um Teilmenge zu holen (Subtraktion)

Jasmin Jost: Wir erobern den Zahlenraum bis 10
© Persen Verlag

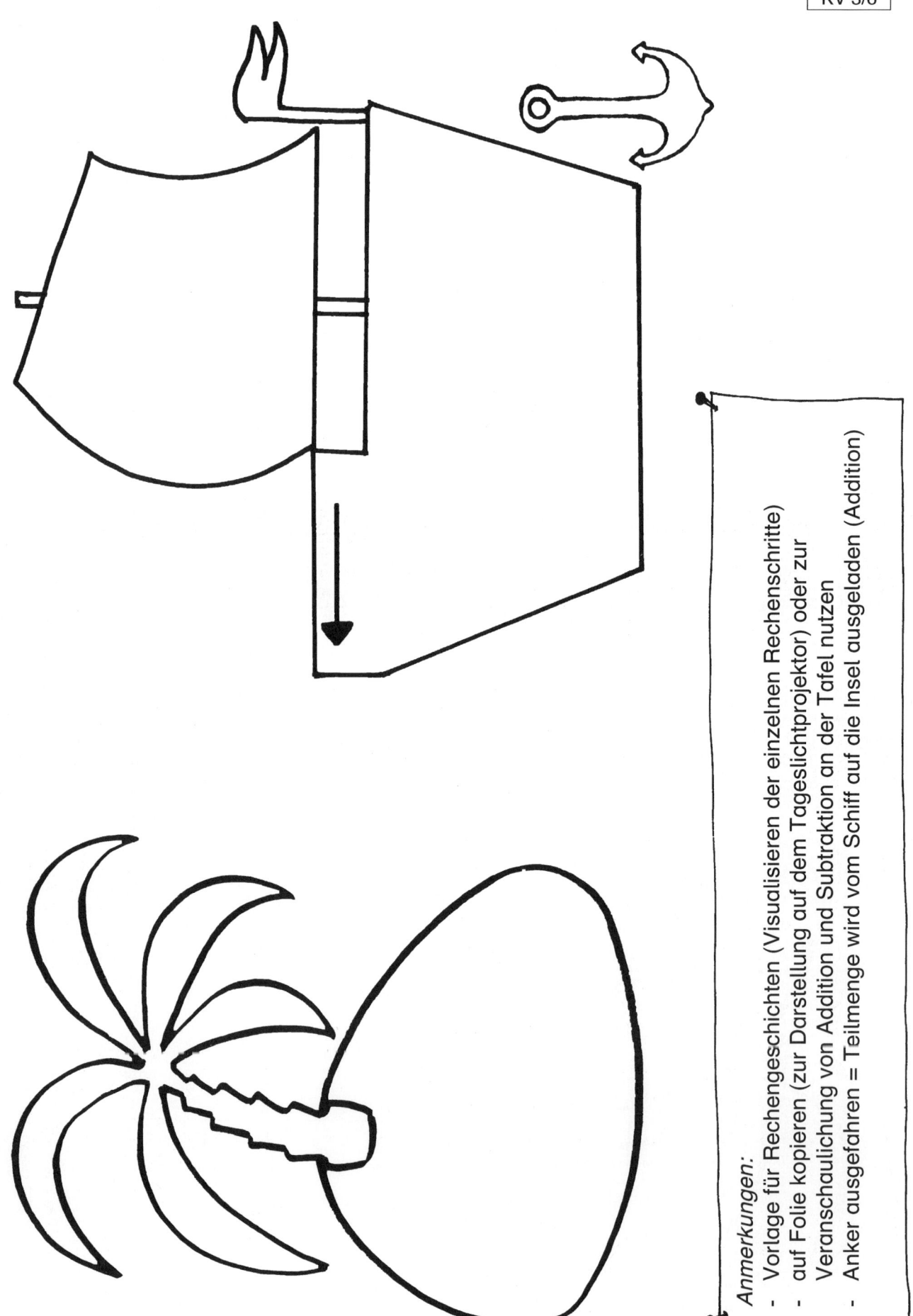

Schaubild zur Addition und Subtraktion

KV 3/6

Anmerkungen:
- Vorlage für Rechengeschichten (Visualisieren der einzelnen Rechenschritte)
- auf Folie kopieren (zur Darstellung auf dem Tageslichtprojektor) oder zur Veranschaulichung von Addition und Subtraktion an der Tafel nutzen
- Anker ausgefahren = Teilmenge wird vom Schiff auf die Insel ausgeladen (Addition)

Jasmin Jost: Wir erobern den Zahlenraum bis 10
© Persen Verlag

Schaubild zur Addition und Subtraktion

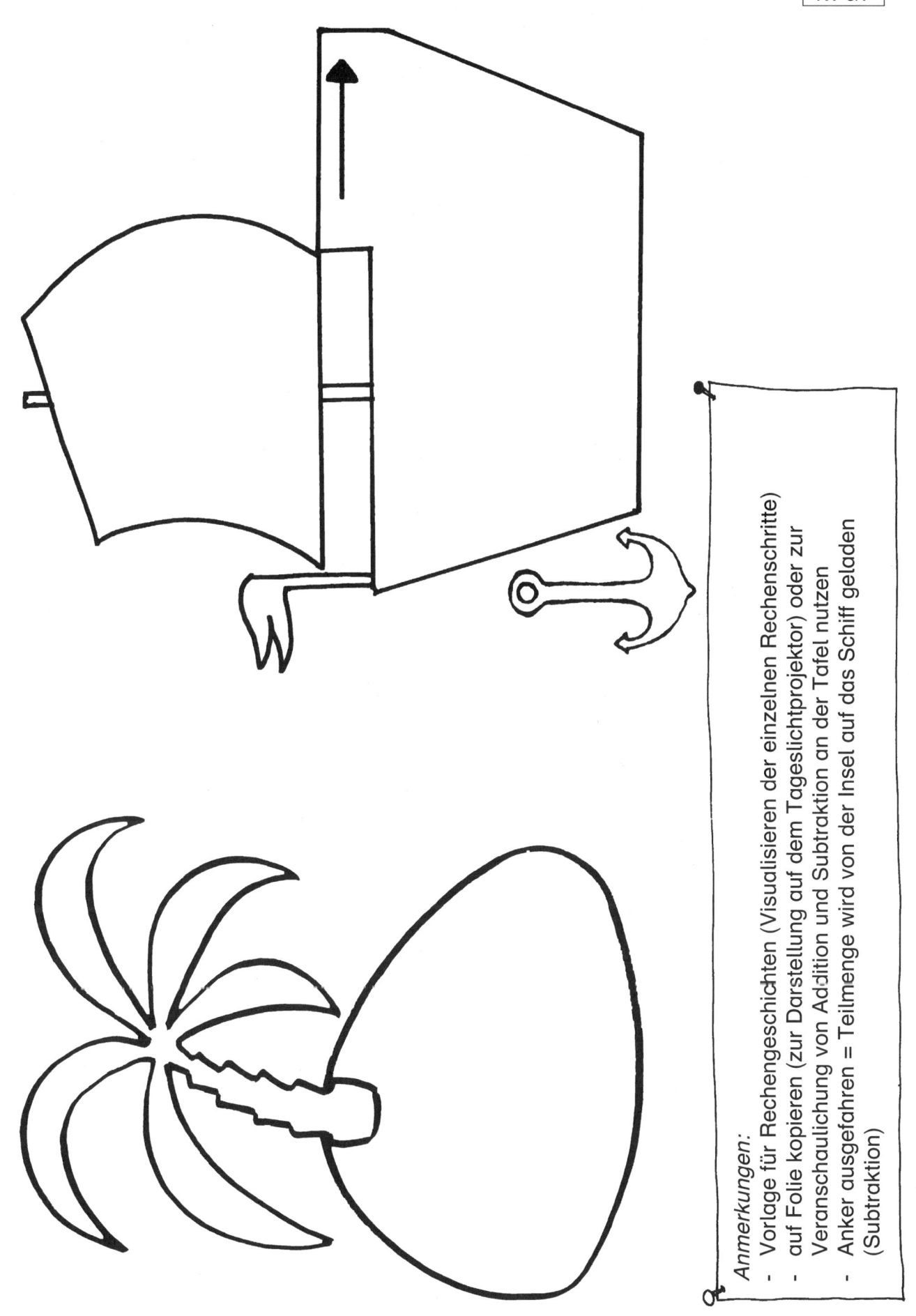

KV 3/7

Anmerkungen:
- Vorlage für Rechengeschichten (Visualisieren der einzelnen Rechenschritte)
- auf Folie kopieren (zur Darstellung auf dem Tageslichtprojektor) oder zur Veranschaulichung von Addition und Subtraktion an der Tafel nutzen
- Anker ausgefahren = Teilmenge wird von der Insel auf das Schiff geladen (Subtraktion)

Jasmin Jost: Wir erobern den Zahlenraum bis 10
© Persen Verlag

Schaubild zur Addition und Subtraktion

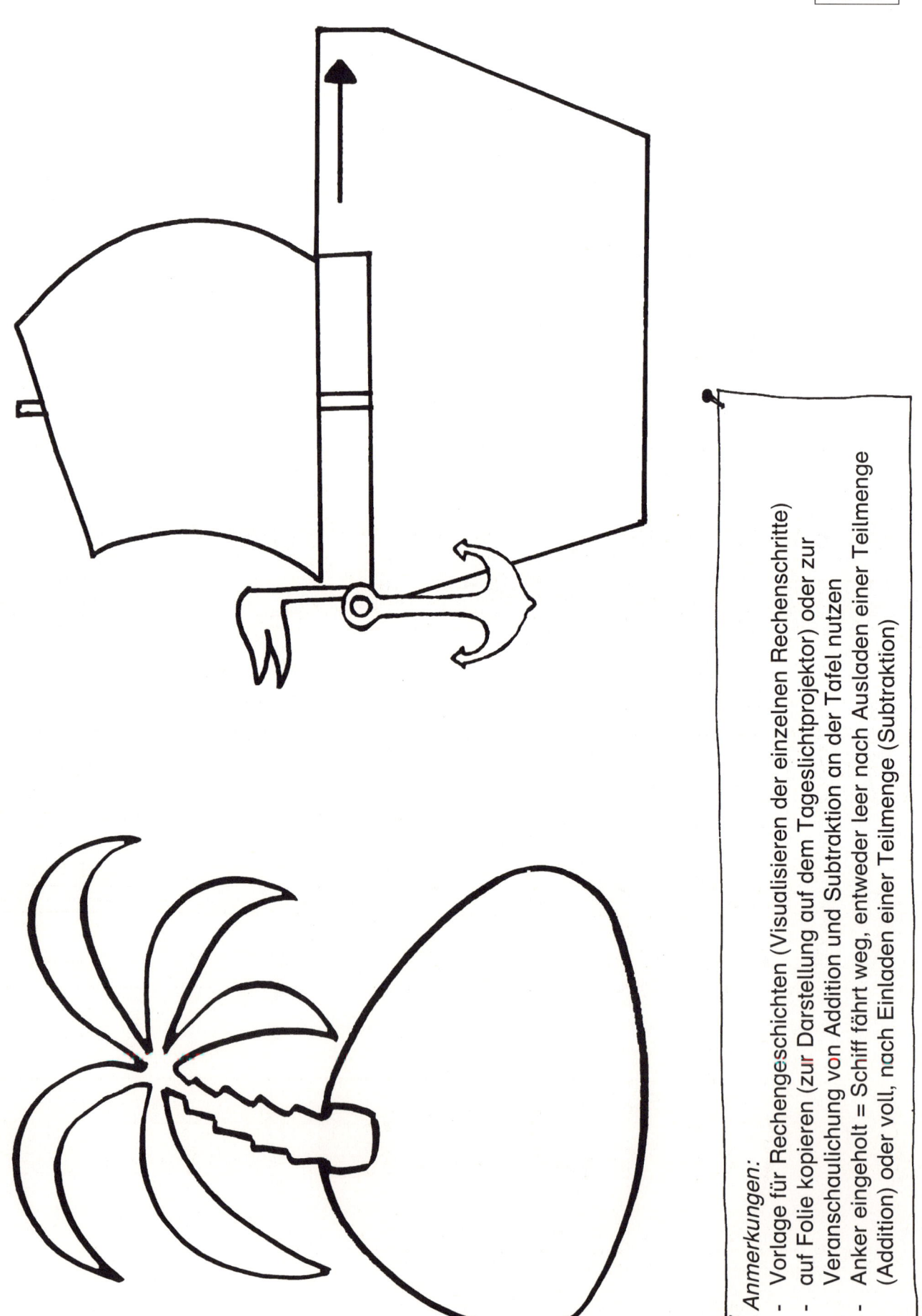

KV 3/8

Anmerkungen:
- Vorlage für Rechengeschichten (Visualisieren der einzelnen Rechenschritte)
- auf Folie kopieren (zur Darstellung auf dem Tageslichtprojektor) oder zur Veranschaulichung von Addition und Subtraktion an der Tafel nutzen
- Anker eingeholt = Schiff fährt weg, entweder leer nach Ausladen einer Teilmenge (Addition) oder voll, nach Einladen einer Teilmenge (Subtraktion)

Plusaufgaben erkennen und rechnen

KV 3/9

1 Schau dir die drei Bilder an und erzähle dazu eine Geschichte. Was passiert?

1. 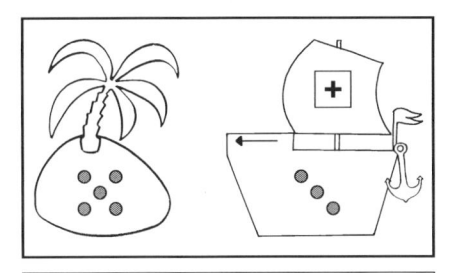
5 + 3

2. 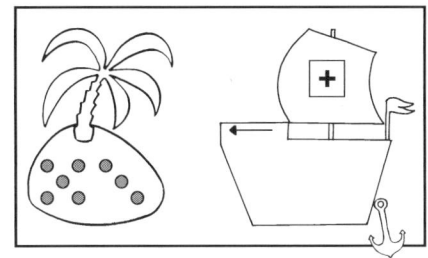
5 + 3 = ____

3. 
5 + 3 = ____

2 Schau genau und rechne aus.

5 + 2 = ____

5 + 1 = ____

5 + 4 = ____

4 + 2 = ____

4 + 3 = ____

4 + 4 = ____

3 Male selbst und rechne aus.

3 + 2 = ____

4 + 1 = ____

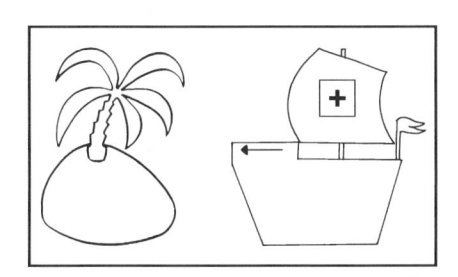

6 + 2 = ____

Jasmin Jost: Wir erobern den Zahlenraum bis 10
© Persen Verlag

Plusaufgaben erkennen und rechnen

1 Schau dir die zwei Bilder an und erzähle dazu eine Geschichte. Was passiert?

1.

9 + 1

2.

9 + 1 = ____

2 Schau genau und rechne aus.

____ + ____ = ____

____ + ____ = ____

____ + ____ = ____

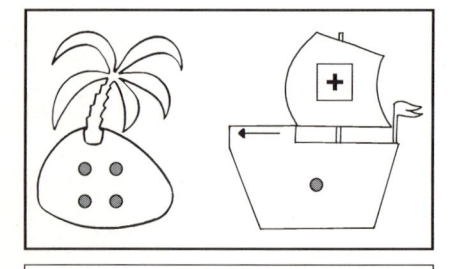

____ + ____ = ____

____ + ____ = ____

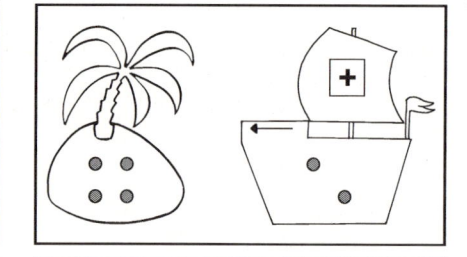

____ + ____ = ____

3 Male selbst und rechne aus.

7 + 2 = ____

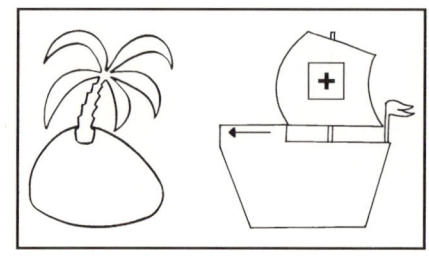

6 + 4 = ____

8 + 2 = ____

Plusaufgaben erkennen und rechnen

KV 3/10
Blanko

1 Schau dir die zwei Bilder an und erzähle dazu eine Geschichte. Was passiert?

1.

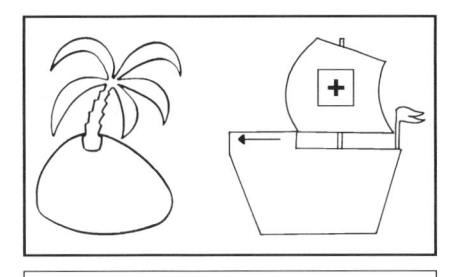

___ + ___ = ___

2.

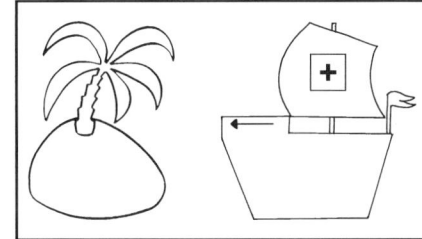

___ + ___ = ___

2 Schau genau und rechne aus.

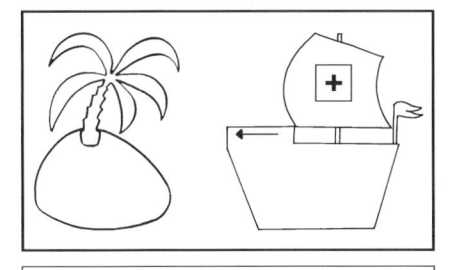

___ + ___ = ___

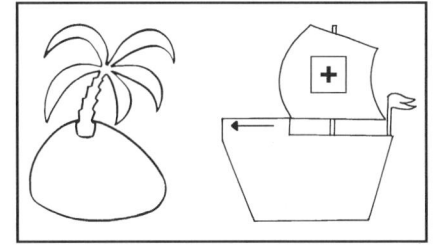

___ + ___ = ___

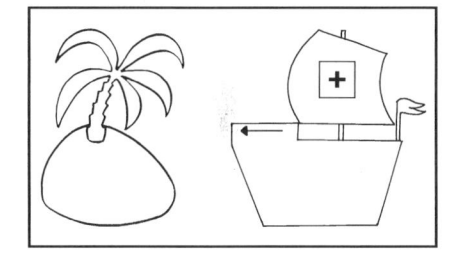

___ + ___ = ___

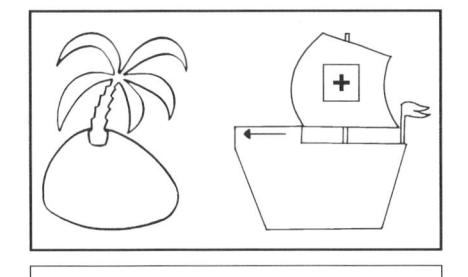

___ + ___ = ___

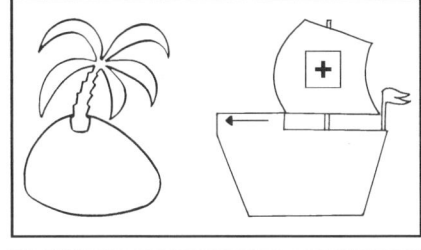

___ + ___ = ___

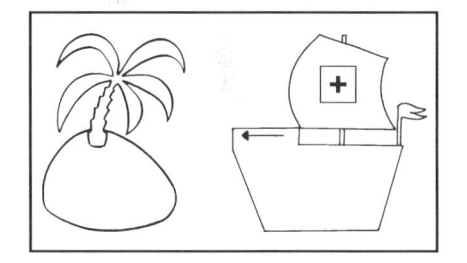

___ + ___ = ___

3 Male selbst und rechne aus.

___ + ___ = ___

___ + ___ = ___

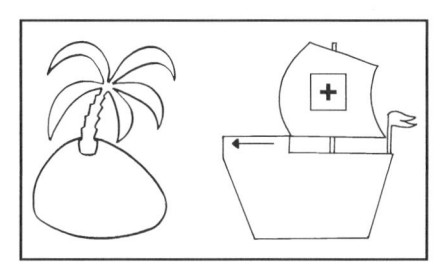

___ + ___ = ___

Minusaufgaben erkennen und rechnen

KV 3/11

1 Schau dir die drei Bilder an und erzähle dazu eine Geschichte. Was passiert?

1.

5 − 3

2.

5 − 3

3.

5 − 3 = ___

2 Schau genau und rechne aus.

5 − ___ = ___

5 − ___ = ___

5 − ___ = ___

6 − ___ = ___

6 − ___ = ___

6 − ___ = ___

___ − ___ = ___

___ − ___ = ___

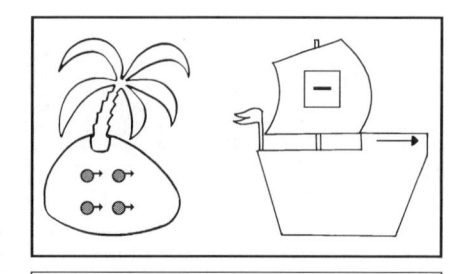

___ − ___ = ___

Minusaufgaben erkennen und rechnen

KV 3/12

1 Schau dir die drei Bilder an und erzähle dazu eine Geschichte. Was passiert?

1.

8 – 5

2.

8 – 5

3.

8 – 5 = ___

2 Schau genau und rechne aus.

8 – ___ = ___

8 – ___ = ___

8 – ___ = ___

7 – ___ = ___

7 – ___ = ___

7 – ___ = ___

___ – ___ = ___

___ – ___ = ___

___ – ___ = ___

Minusaufgaben erkennen und rechnen

KV 3/13

1 Schau dir die drei Bilder an und erzähle dazu eine Geschichte. Was passiert?

1.

10 – 6

2.

10 – 6

3.

10 – 6 = ____

2 Schau genau und rechne aus.

____ – ____ = ____

8 – ____ = ____

8 – ____ = ____

7 – ____ = ____

7 – ____ = ____

7 – ____ = ____

____ – ____ = ____

____ – ____ = ____

____ – ____ = ____

74   Jasmin Jost: Wir erobern den Zahlenraum bis 10
© Persen Verlag

Minusaufgaben erkennen und rechnen

KV 3/14

1 Schau genau und rechne aus.

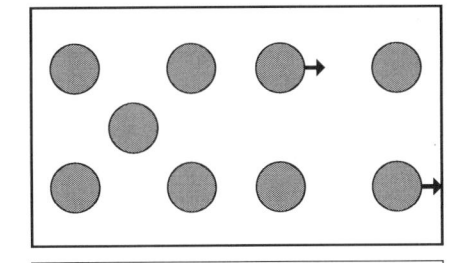

___ − ___ = ___

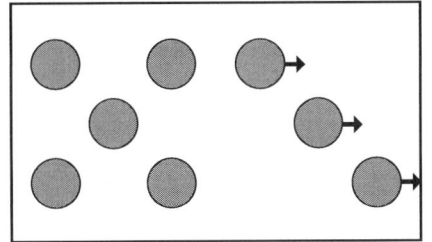

___ − ___ = ___

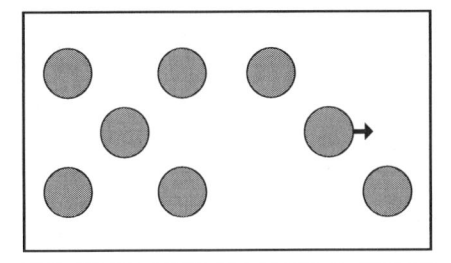

___ − ___ = ___

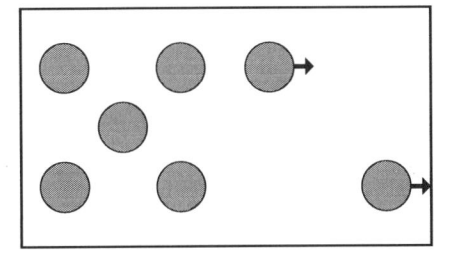

___ − ___ = ___

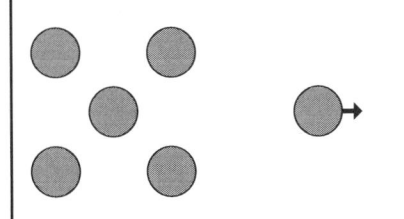

___ − ___ = ___

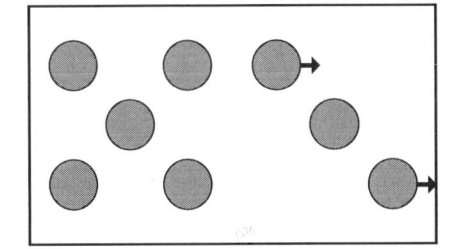

___ − ___ = ___

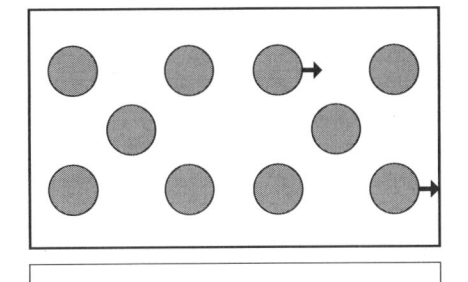

___ − ___ = ___

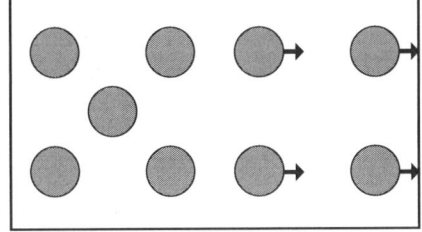

___ − ___ = ___

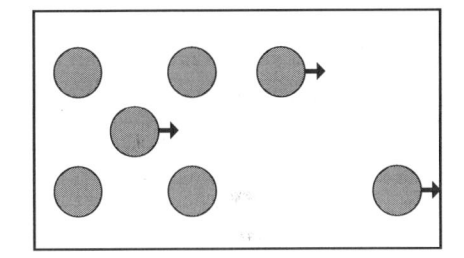

___ − ___ = ___

2 Fange mit dem Lasso ein.

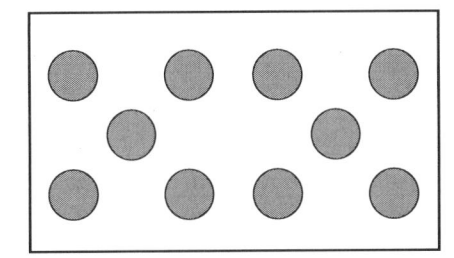

10 − 5 = ___

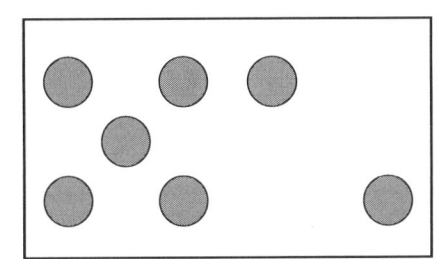

7 − 2 = ___

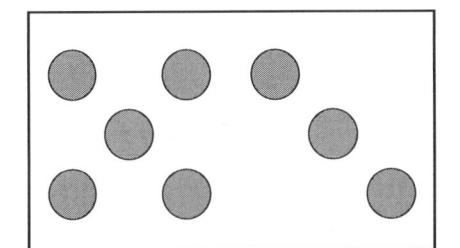

8 − 5 = ___

Plusaufgaben erkennen und rechnen

1 Schau dir die zwei Bilder an und erzähle dazu eine Geschichte. Was passiert?

1.

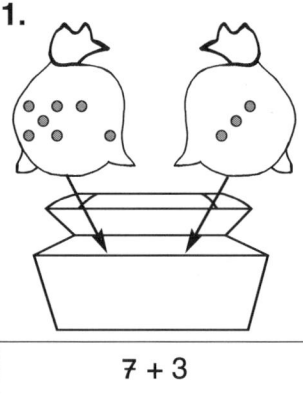

7 + 3

2.

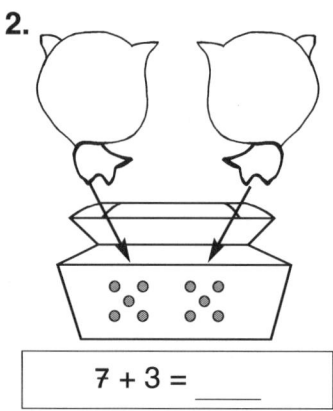

7 + 3 = ____

2 Schau genau: Welche Aufgabe ist gemalt? Schreibe sie auf und rechne aus.

____ + ____ = ____

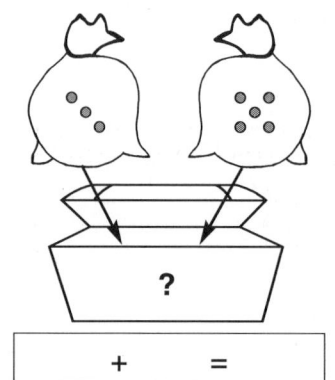

____ + ____ = ____

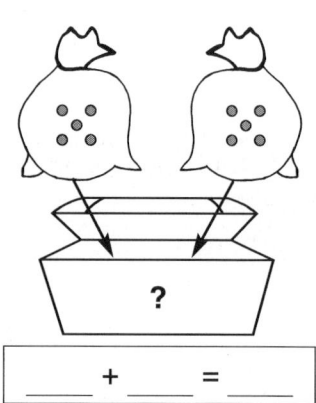

____ + ____ = ____

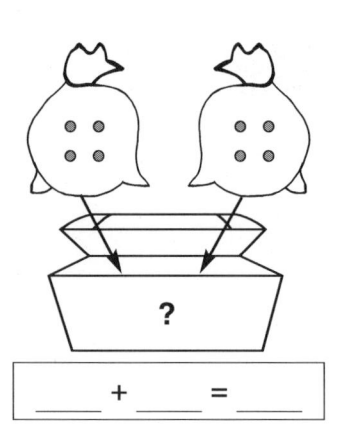

____ + ____ = ____

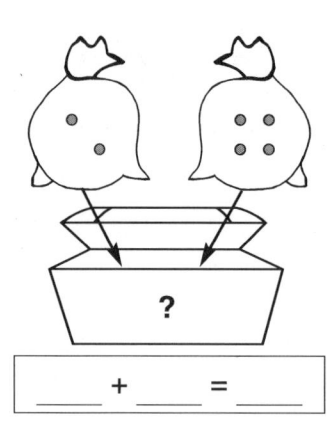

____ + ____ = ____

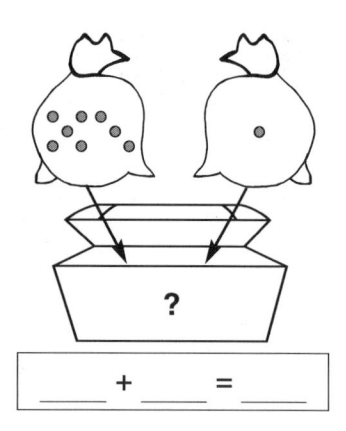

____ + ____ = ____

5 + 4 = ____

6 + 3 = ____

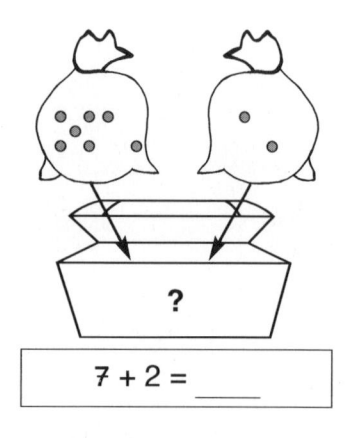

7 + 2 = ____

Plusaufgaben erkennen und rechnen

1 Schau dir die zwei Bilder an und erzähle dazu eine Geschichte. Was passiert?

1.

___ + ___ = ___

2.

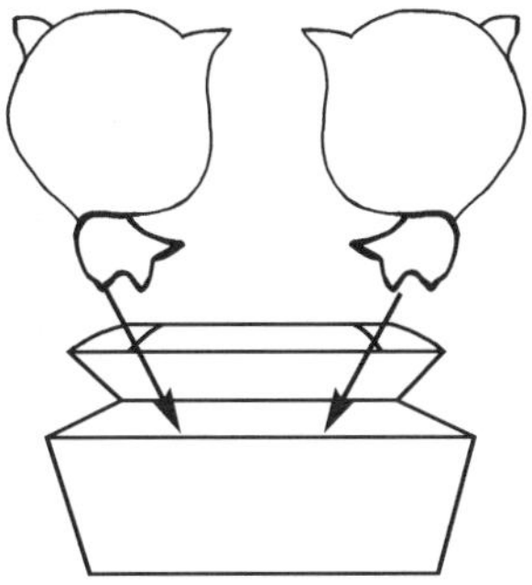

___ + ___ = ___

2 Schau genau: Welche Aufgabe ist gemalt? Schreibe sie auf und rechne aus.

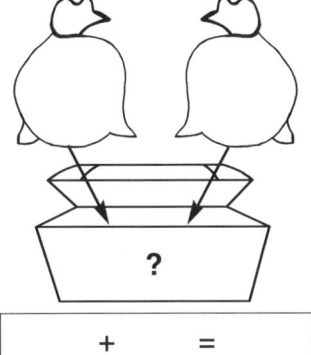

___ + ___ = ___   ___ + ___ = ___   ___ + ___ = ___

___ + ___ = ___   ___ + ___ = ___   ___ + ___ = ___

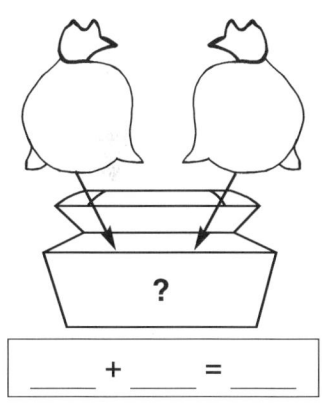

___ + ___ = ___   ___ + ___ = ___   ___ + ___ = ___

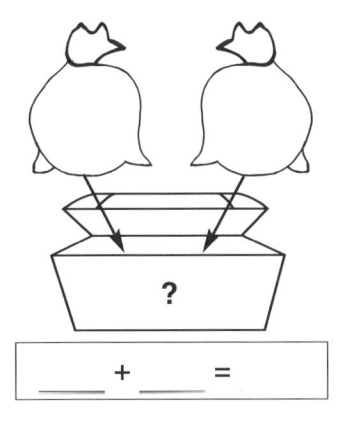

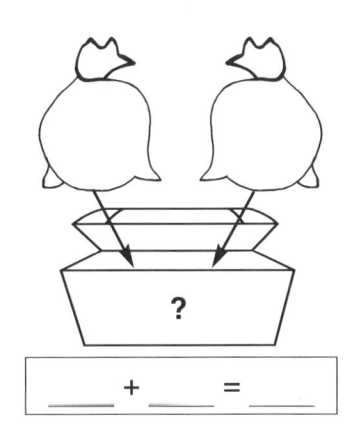

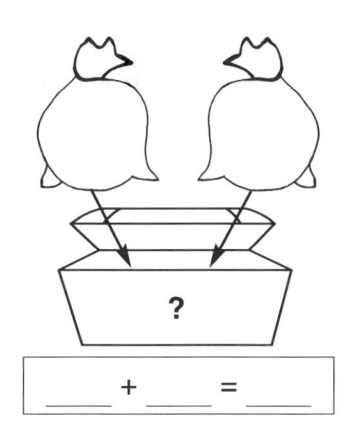

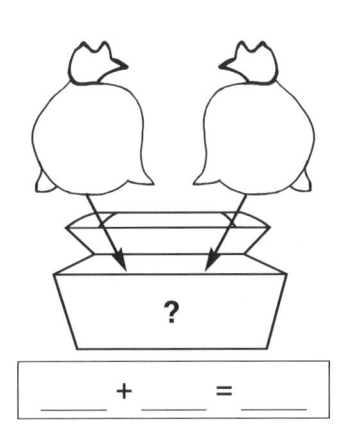

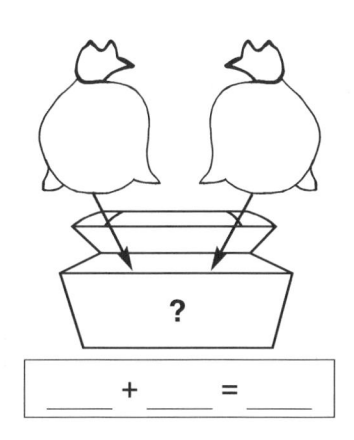

Plusaufgaben

1 Schau genau: Wie viel ist insgesamt in der Schatzkiste?

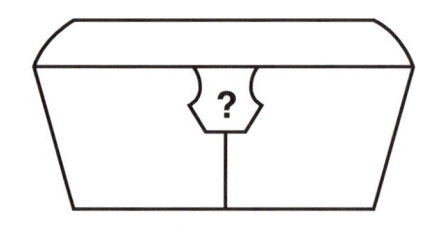

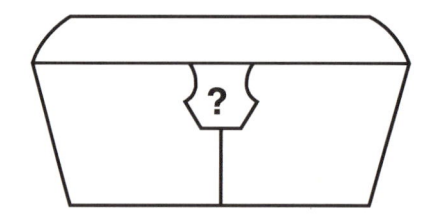

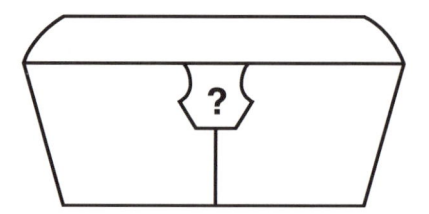

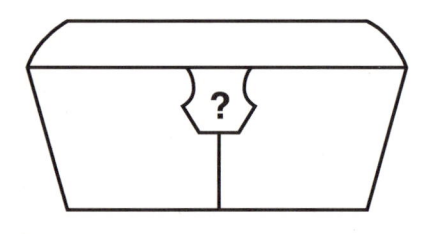

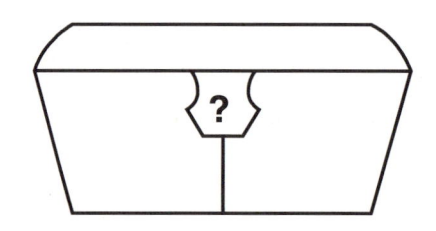

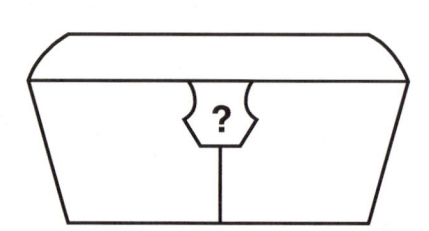

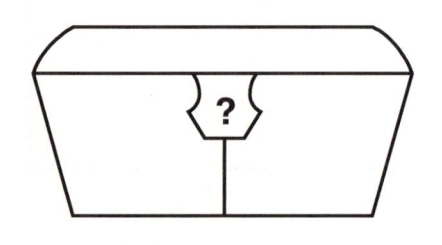

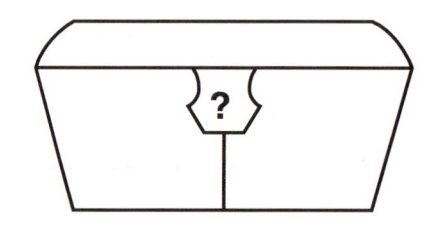

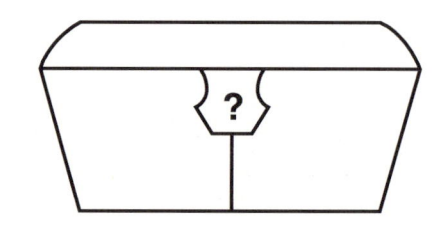

KV 3/16
Blanko

___ + ___ = ___   ___ + ___ = ___   ___ + ___ = ___

___ + ___ = ___   ___ + ___ = ___   ___ + ___ = ___

___ + ___ = ___   ___ + ___ = ___   ___ + ___ = ___

2 Überlege dir selbst Aufgaben und rechne sie aus.

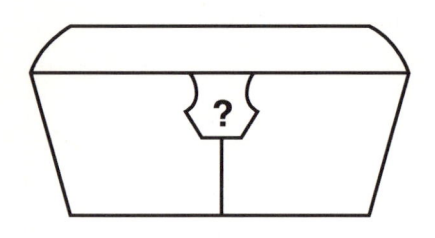

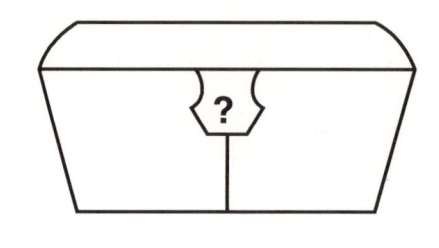

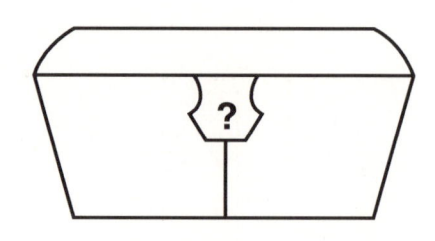

___ + ___ = ___   ___ + ___ = ___   ___ + ___ = ___

Rechensport mit kleinen Strategien

KV 4/1

1 Bearbeite die Aufgaben.
Schau dabei immer auf das Würfelbild.

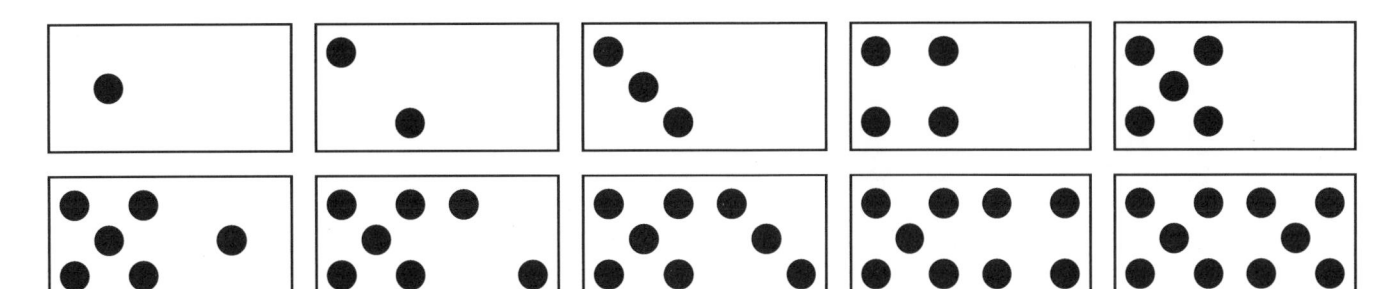

1.

	+ 1	– 1	2 mehr	2 weniger	5 mehr	5 weniger
3						

2.

	+ 1	– 1	2 mehr	2 weniger	5 mehr	5 weniger
4						

3.

	+ 1	– 1	2 mehr	2 weniger	5 mehr	5 weniger
5						

2 Überlege dir selbst eine Zahl.

4.

	+ 1	– 1	2 mehr	2 weniger	5 mehr	5 weniger

Jasmin Jost: Wir erobern den Zahlenraum bis 10
© Persen Verlag

Rechensport mit kleinen Strategien

KV 4/1
Blanko

1 Bearbeite die Aufgaben.
Schau dabei immer auf das Würfelbild.

1.

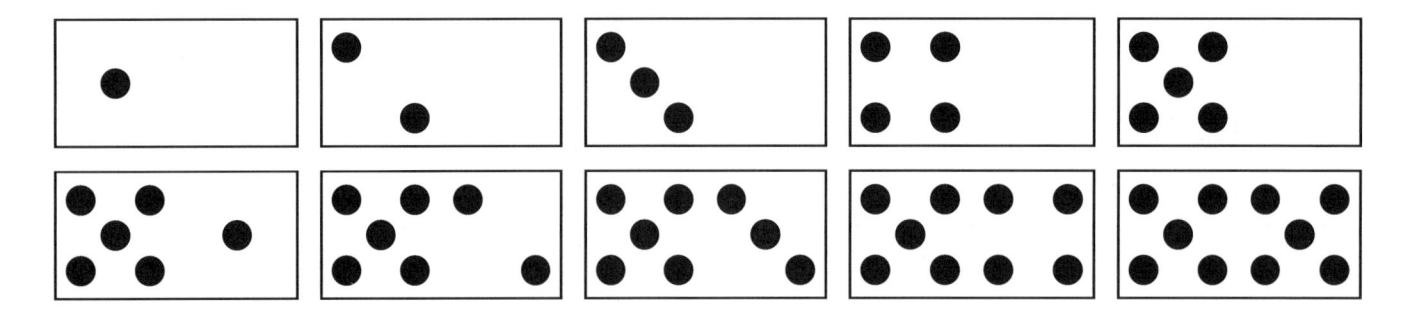

	+ 1	− 1	2 mehr	2 weniger	5 mehr	5 weniger

2.

	+ 1	− 1	2 mehr	2 weniger	5 mehr	5 weniger

3.

	+ 1	− 1	2 mehr	2 weniger	5 mehr	5 weniger

2 Überlege dir selbst eine Zahl.

4.

	+ 1	− 1	2 mehr	2 weniger	5 mehr	5 weniger

Passerzahlen zu 10

KV 4/2

1 Suche die Passerzahlen und schreibe die Aufgabe auf.

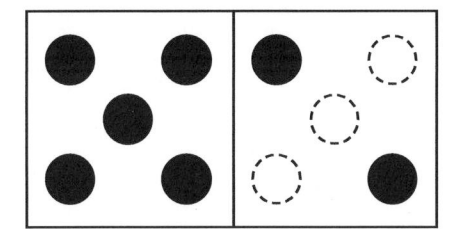

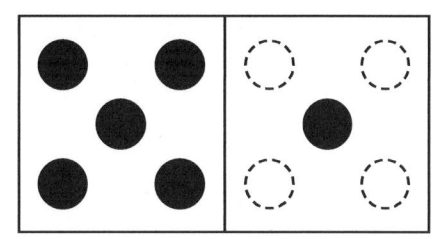

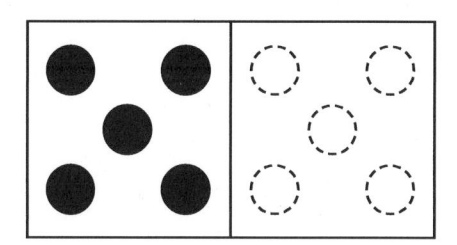

7 + ____ = 10   6 + ____ = 10   5 + ____ = 10

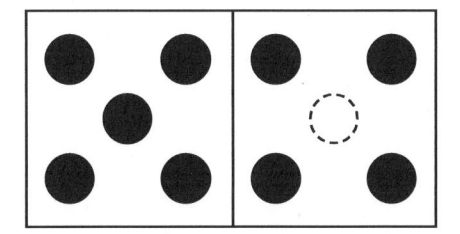

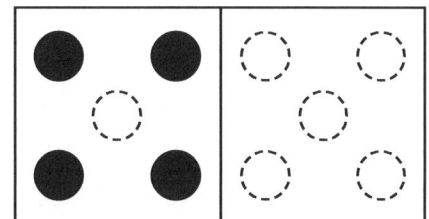

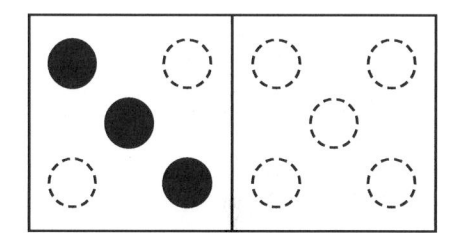

9 + ____ = 10   4 + ____ = 10   3 + ____ = 10

2 Herr Schummel will einen falschen Sack in die Kiste schummeln. Findest du trotzdem die richtigen Passerzahlen? Male den passenden Sack in der Farbe für die Passer an.

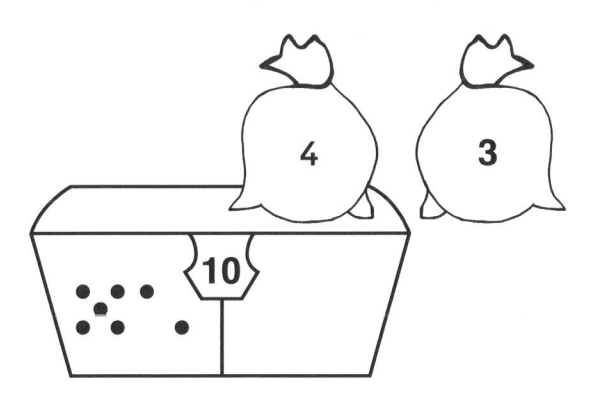

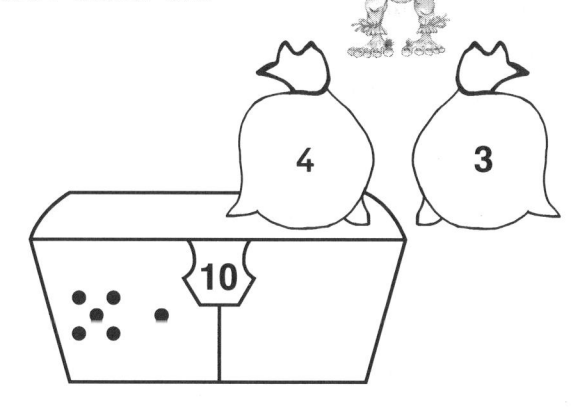

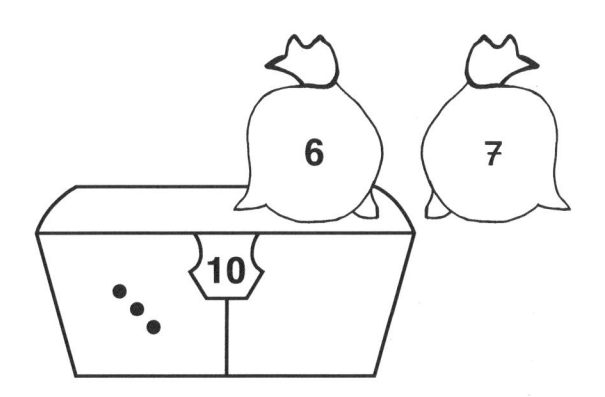

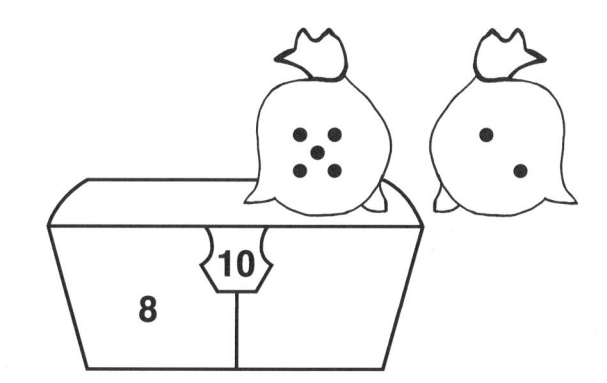

Jasmin Jost: Wir erobern den Zahlenraum bis 10
© Persen Verlag

Passerzahlen zu 10

KV 4/3

1 Suche die Passerzahlen und schreibe die Aufgabe auf.

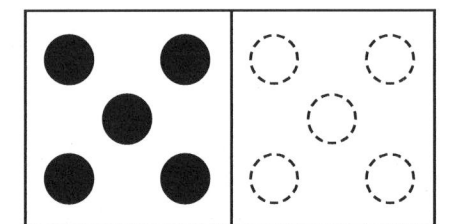

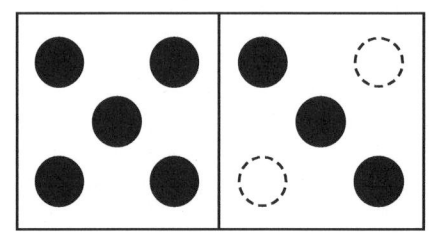

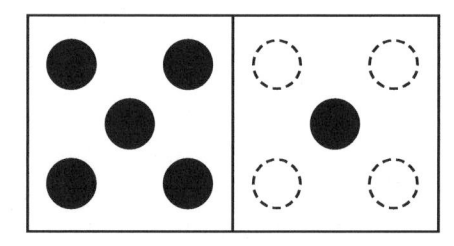

___ + ___ = 10   ___ + ___ = 10   ___ + ___ = 10

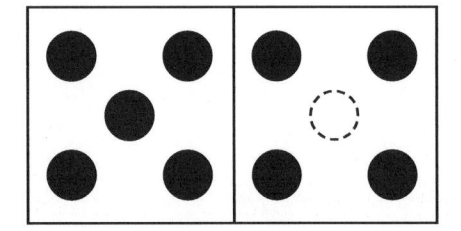

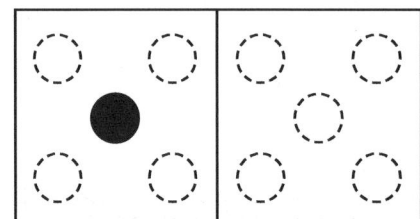

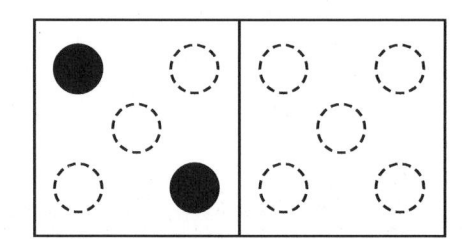

___ + ___ = 10   ___ + ___ = 10   ___ + ___ = 10

2 Überlege dir die Passeraufgaben und male sie mit 2 Farben an.

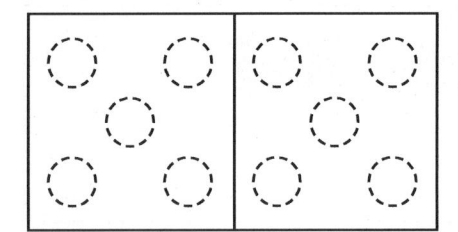

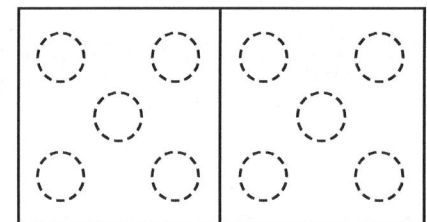

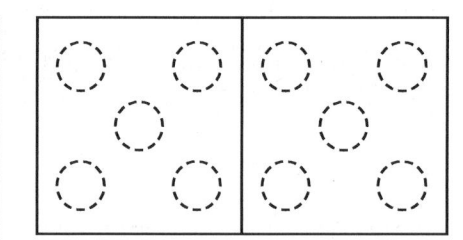

___ + ___ = 10   ___ + ___ = 10   ___ + ___ = 10

3 Welche Zahl fehlt? Schreibe die passende Aufgabe auf.

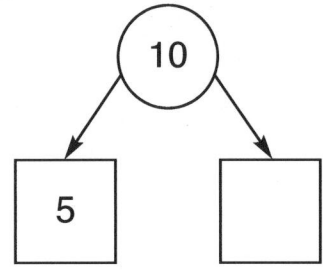

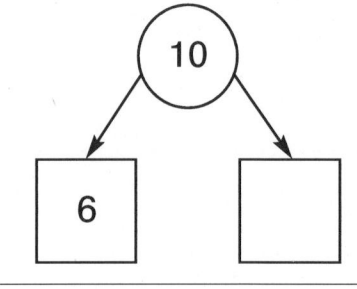

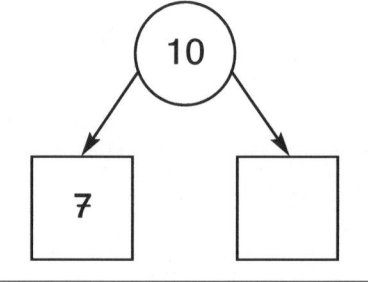

10 → 5, ___   10 → 6, ___   10 → 7, ___

___ + ___ = 10   ___ + ___ = 10   ___ + ___ = 10

Passerzahlen zu 10

1 Suche die Passerzahlen und schreibe die Aufgabe auf.

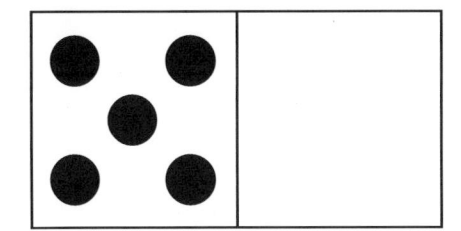

___ + ___ = 10 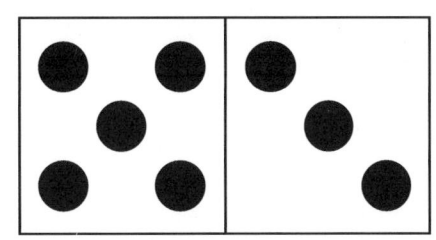   ___ + ___ = 10 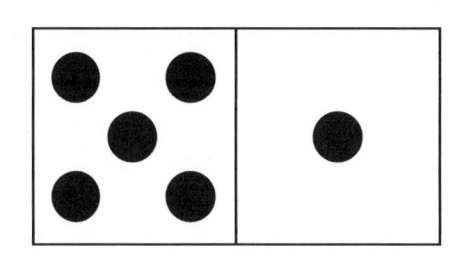   ___ + ___ = 10

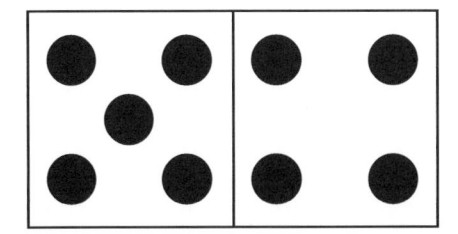

___ + ___ = 10 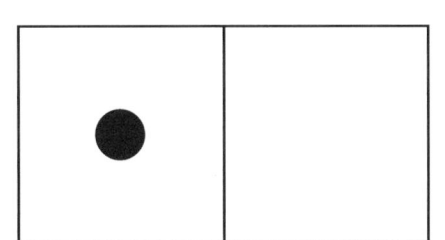   ___ + ___ = 10 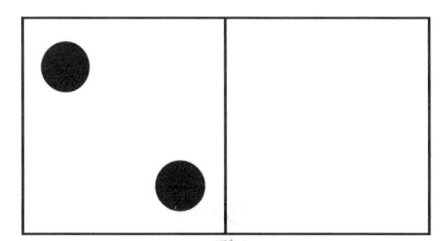   ___ + ___ = 10

2 Überlege dir die Passeraufgaben und male sie mit 2 Farben an.

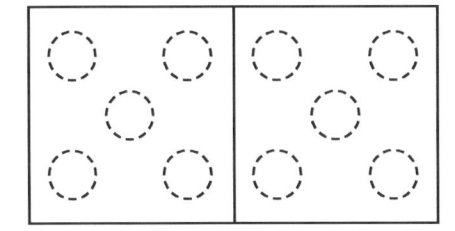

___ + ___ = 10 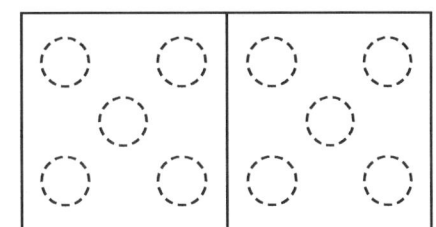   ___ + ___ = 10 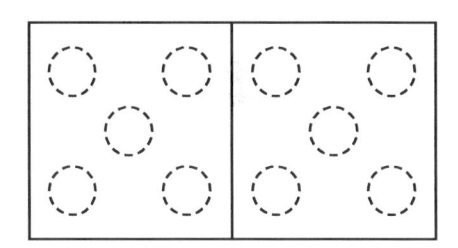   ___ + ___ = 10

3 Welche Zahl fehlt? Schreibe die passende Aufgabe auf.

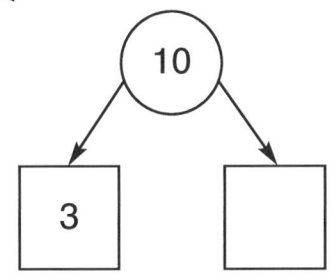

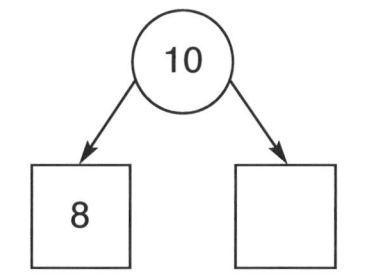

10 → 3, ___   10 → 9, ___   10 → 8, ___

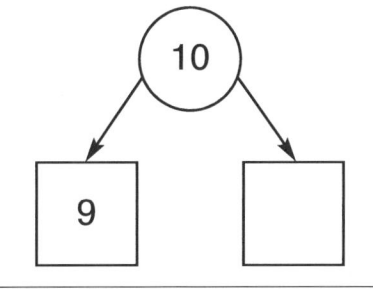

___ + ___ = 10   ___ + ___ = 10   ___ + ___ = 10

Symbolkarte „Passerzahlen"

KV 4/5

Passer!

Anmerkungen:
- Symbolkarte als Erinnerung an die Strategie der Passerzahlen einsetzen
- Schüler können diese Symbolkarte (mit Beispielaufgaben) in ihr Trickheft einkleben
- Schüler können diese Karte selbst ausgestalten oder die Lehrkraft kann ein Symbol zum Abmalen oder einen Merksatz vorgeben

Symbolkarte „Tauschaufgaben"

KV 4/6

Tauschaufgaben

Anmerkungen:
- Symbolkarte als Erinnerung an die Strategie der Tauschaufgaben einsetzen
- Schüler können diese Symbolkarte (mit Beispielaufgaben) in ihr Trickheft einkleben
- Schüler können diese Karte selbst ausgestalten oder die Lehrkraft kann ein Symbol zum Abmalen oder einen Merksatz vorgeben

Passerzahlen

KV 4/7

1 Schneide die Kärtchen aus.

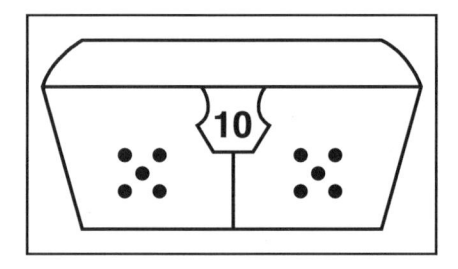

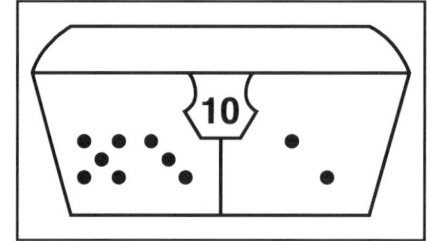

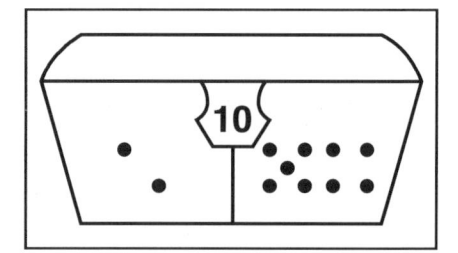

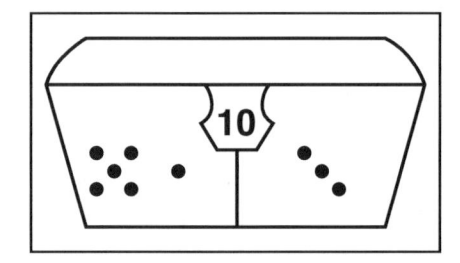

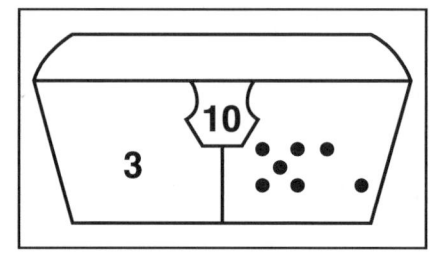

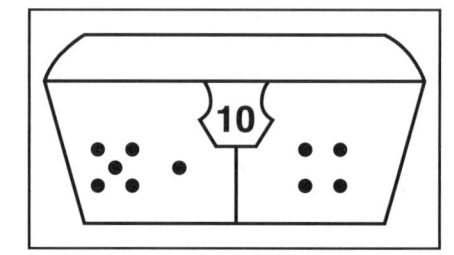

2 Welche Aufgaben dürfen ins Trickbuch?
Welche Aufgaben hat Herr Schummel eingeschmuggelt?
Klebe nur die passenden Kärtchen hier auf:

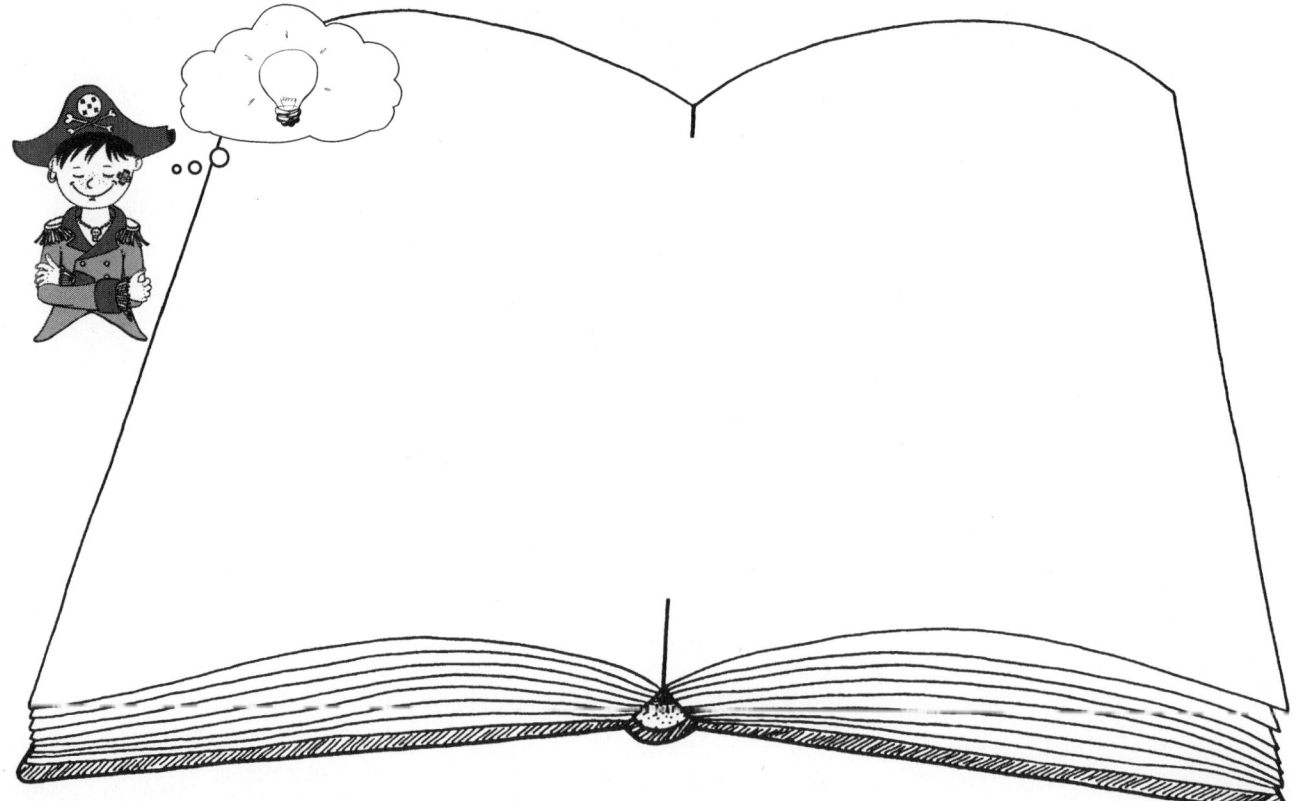

Diese Aufgaben hat Herr Schummel eingeschmuggelt:

Tauschaufgaben

KV 4/8

1 Male die Rahmen der Tauschaufgaben in deiner Trickfarbe an.

2 Schneide die Kärtchen aus.

| 2 + 8 | 7 + 1 | 1 + 9 |
| 5 + 5 | 3 + 6 | 4 + 6 |

3 Welche Aufgaben dürfen ins Trickbuch?
Welche Aufgaben hat Herr Schummel eingeschmuggelt?
Klebe nur die passenden Kärtchen hier auf:

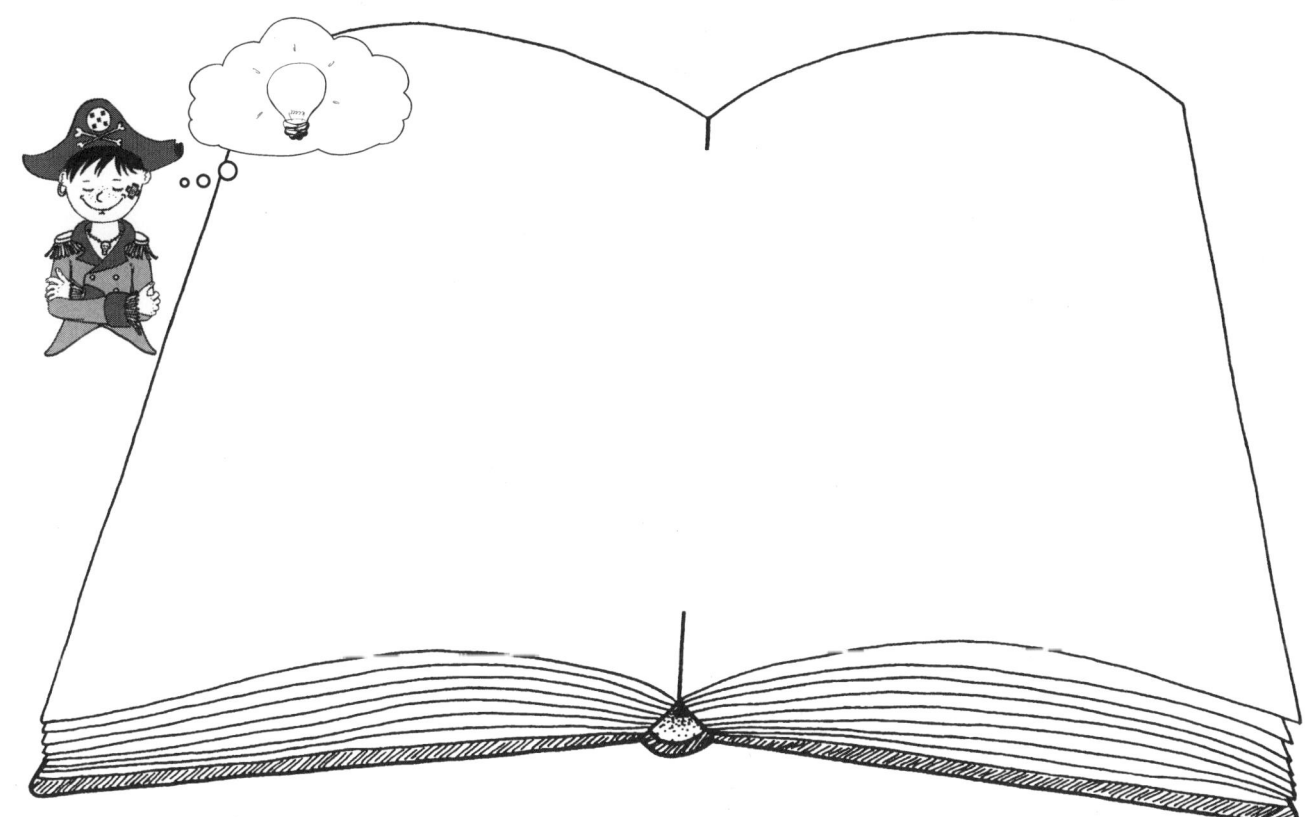

Diese Aufgaben hat Herr Schummel eingeschmuggelt:

Jasmin Jost: Wir erobern den Zahlenraum bis 10
© Persen Verlag

Mein Trick

KV 4/9

Er heißt: _____

Diese Aufgaben passen zu meinem Trick:

Anmerkungen:
Beispielseite für das Trickbuch zum Schreiben oder Einkleben von Aufgaben, zum Ergänzen oder eigenständigen Gestalten.

Tauschaufgaben

1 Tausche die Aufgaben:

4 + 6 → 6 + 4

„Und wird es mir zu dumm, dreh ich die Zahlen um!"

2 + 6	3 + 7	1 + 8
↓	↓	↓
___ + ___ = ___	___ + ___ = ___	___ + ___ = ___

2 + 5	4 + 6	2 + 8
↓	↓	↓
___ + ___ = ___	___ + ___ = ___	___ + ___ = ___

2 Herr Schummel hat Aufgaben eingeschmuggelt, die nicht zu deinem Trick passen. Überlege dir: Wo ist es schlau, die Zahlen zu vertauschen?
Male nur diese Aufgaben in der Trickfarbe an. Rechne sie aus.

| 2 + 7 = ___ | 4 + 5 = ___ | 4 + 6 = ___ |
| 1 + 6 = ___ | 1 + 8 = ___ | 3 + 6 = ___ |

| 3 + 5 = ___ | 3 + 7 = ___ | 8 + 3 = ___ | 7 + 3 = ___ |
| 2 + 6 = ___ | 2 + 4 = ___ | 1 + 5 = ___ | 4 + 3 = ___ |

Rechenleiter

KV 4/11

Rechenleiter von _____

So viele Aufgaben konnte ich lösen

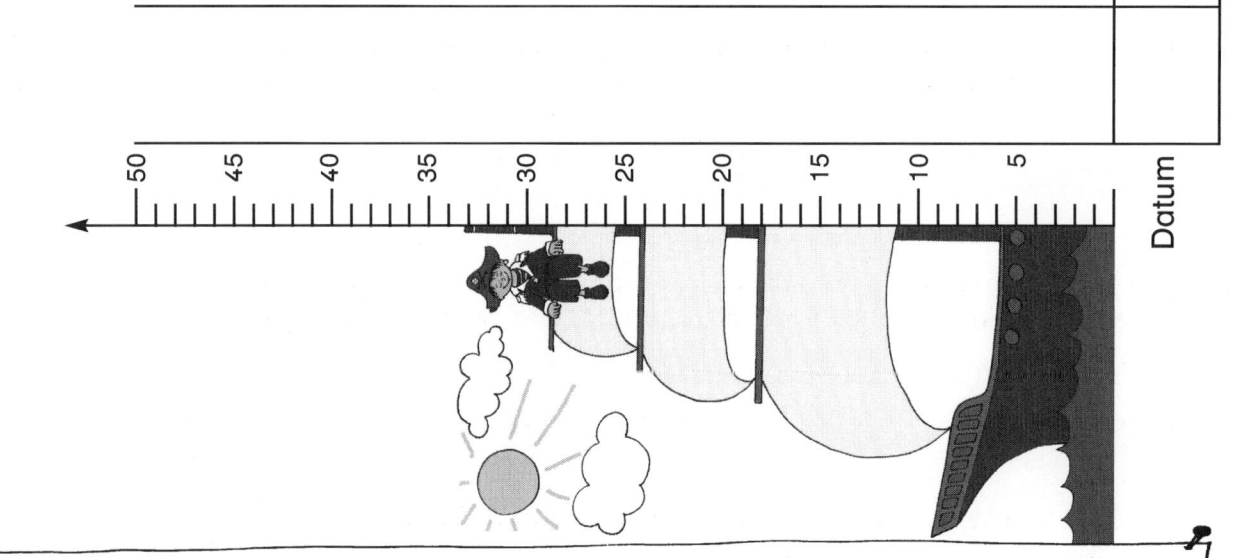

50 45 40 35 30 25 20 15 10 5

Datum

Anmerkungen:
Regelmäßig kann in diese Grafik in Form eines Balkens eingezeichnet werden, wie hoch der Schüler auf der Rechenleiter geklettert ist, d. h. wie viele Aufgaben er in der vorgegebenen und gleichbleibenden Zeit richtig lösen konnte.

Aufgabenkarten zu allen Aufgaben des kleinen Eins-und-Eins

KV 4/12

1 + 9	1 + 8	1 + 7
1 + 6	1 + 5	1 + 4
1 + 3	1 + 2	1 + 1
2 + 8	2 + 7	2 + 6
2 + 5	2 + 4	2 + 3
2 + 2	2 + 1	3 + 7
3 + 6	3 + 5	3 + 4
3 + 3	3 + 2	3 + 1

Jasmin Jost: Wir erobern den Zahlenraum bis 10
© Persen Verlag

Aufgabenkarten zu allen Aufgaben des kleinen Eins-und-Eins

KV 4/13

4 + 6	4 + 5	4 + 4
4 + 3	4 + 2	4 + 1
5 + 5	5 + 4	5 + 3
5 + 2	5 + 1	6 + 4
6 + 3	6 + 2	6 + 1
7 + 3	7 + 2	7 + 1
8 + 2	8 + 1	9 + 1

Anmerkungen:
- Nach dem Kopieren die Lösung der Aufgabe auf die Rückseite schreiben.
- Rahmen ggf. für Tauschaufgaben und Passerzahlen farblich unterschiedlich einrahmen.

Aufgabenkarten zu allen Aufgaben des kleinen Eins-minus-Eins

9 – 1	9 – 2	9 – 3
9 – 4	9 – 5	9 – 6
9 – 7	9 – 8	9 – 9
8 – 1	8 – 2	8 – 3
8 – 4	8 – 5	8 – 6
8 – 7	8 – 8	7 – 1
7 – 2	7 – 3	7 – 4
7 – 5	7 – 6	7 – 7

Aufgabenkarten zu allen Aufgaben des kleinen Eins-minus-Eins

KV 4/15

6 – 1	6 – 2	6 – 3
6 – 4	6 – 5	6 – 6
5 – 1	5 – 2	5 – 3
5 – 4	5 – 5	4 – 1
4 – 2	4 – 3	4 – 4
3 – 1	3 – 2	3 – 3
2 – 1	2 – 2	1 – 1

Anmerkungen:
- Nach dem Kopieren die Lösung der Aufgabe auf die Rückseite schreiben.

Minusaufgaben im Zahlenraum bis 10

KV 5/1

1 Wie heißt die Aufgabe? Schreibe sie auf und rechne aus.

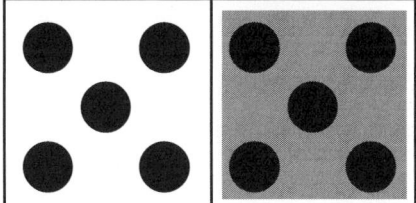

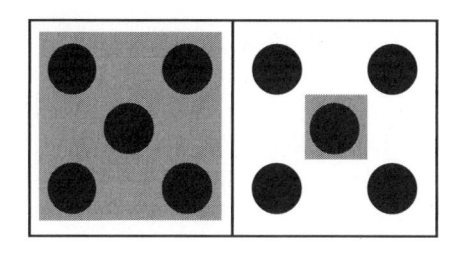

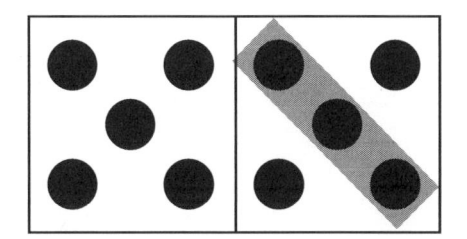

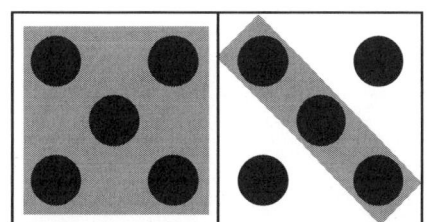

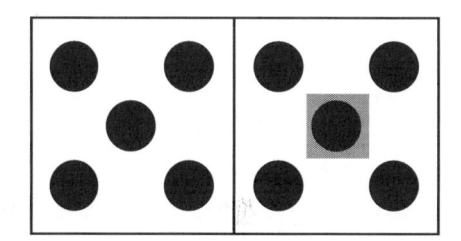

10 − ___ = ___   10 − ___ = ___   10 − ___ = ___

10 − ___ = ___   10 − ___ = ___   10 − ___ = ___

2 Nimm mit den Augen und einem Stift weg.

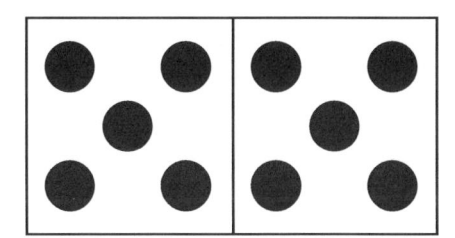

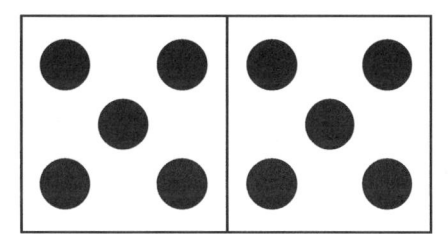

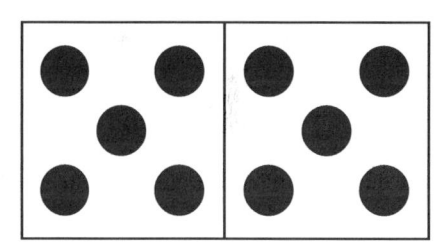

10 − 7 = ___   10 − 2 = ___   10 − 4 = ___

3 Wo hat Herr Schummel Fehler eingeschmuggelt? Streiche die Fehler durch. Schreibe die passende Aufgabe unter das Wüfelbild.

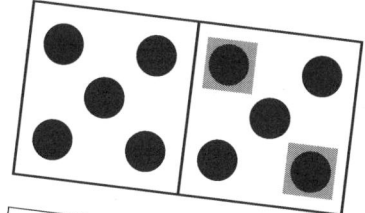

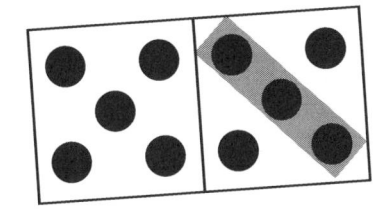

10 − 8 = ___   10 − 3 = ___   10 − 10 = ___

Jasmin Jost: Wir erobern den Zahlenraum bis 10
© Persen Verlag

Blitzblickaufgaben

KV 5/2

1 Male das Würfelbild genau so, wie du es gesehen hast.

Fange immer zwei  ⚃ ein.

2 Male die Zahl mit Zehnerstange und Fünfer.

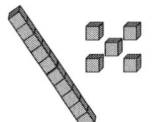

3 Schreibe die Zahl auf.

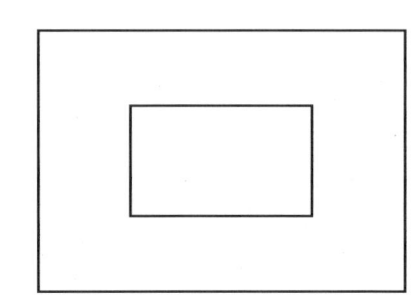

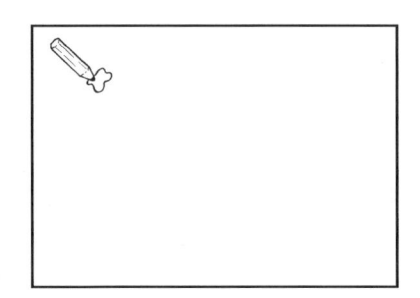

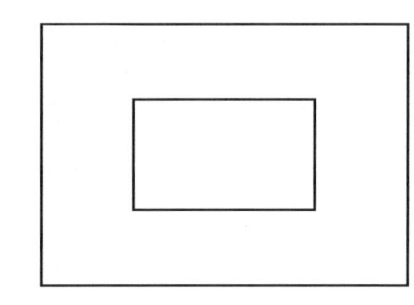

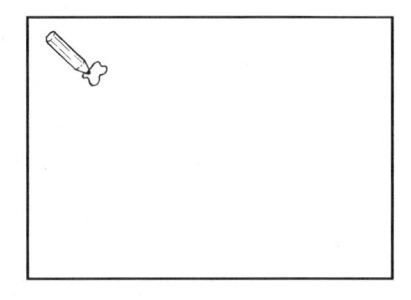

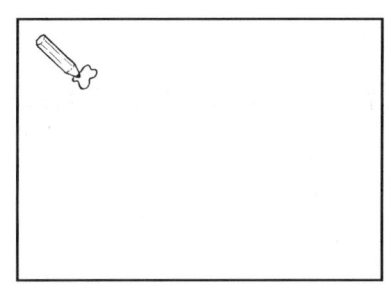

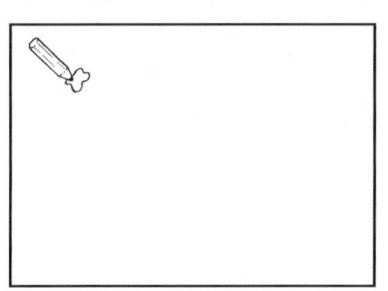

1.

2.

3.

4.

5.

96

Jasmin Jost: Wir erobern den Zahlenraum bis 10
© Persen Verlag

Zehn als Doppelfünf

1 Fange immer zwei ein.

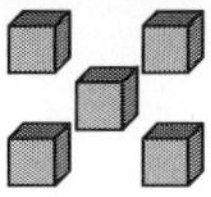

Male die Zahl mit Zehnerstangen und Einern. Schreibe die Zahl in den Kasten.

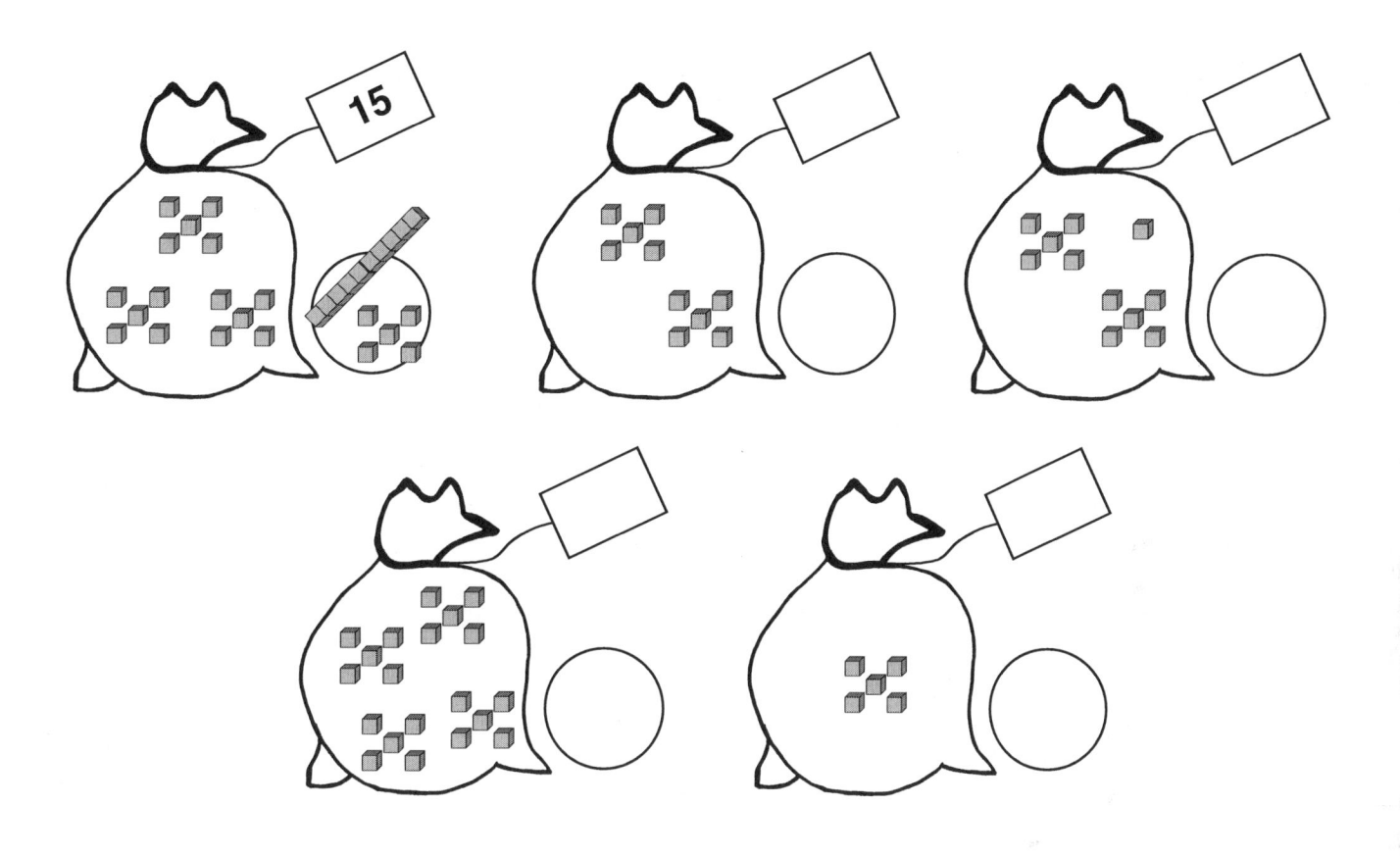

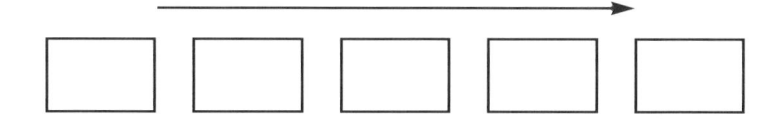

2 Ordne die Zahlen nach ihrer Größe: Beginne dabei mit der kleinsten Zahl.

3 Jetzt hat der Pirat viele 5er versteckt.

Male die Zahl mit auf und schreibe sie in den Kasten.

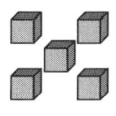

Zehn als Doppelfünf

1 Fange immer zwei ein.

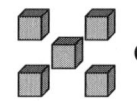

Male die Zahl mit Zehnerstangen und Einern. Schreibe die Zahl in den Kasten.

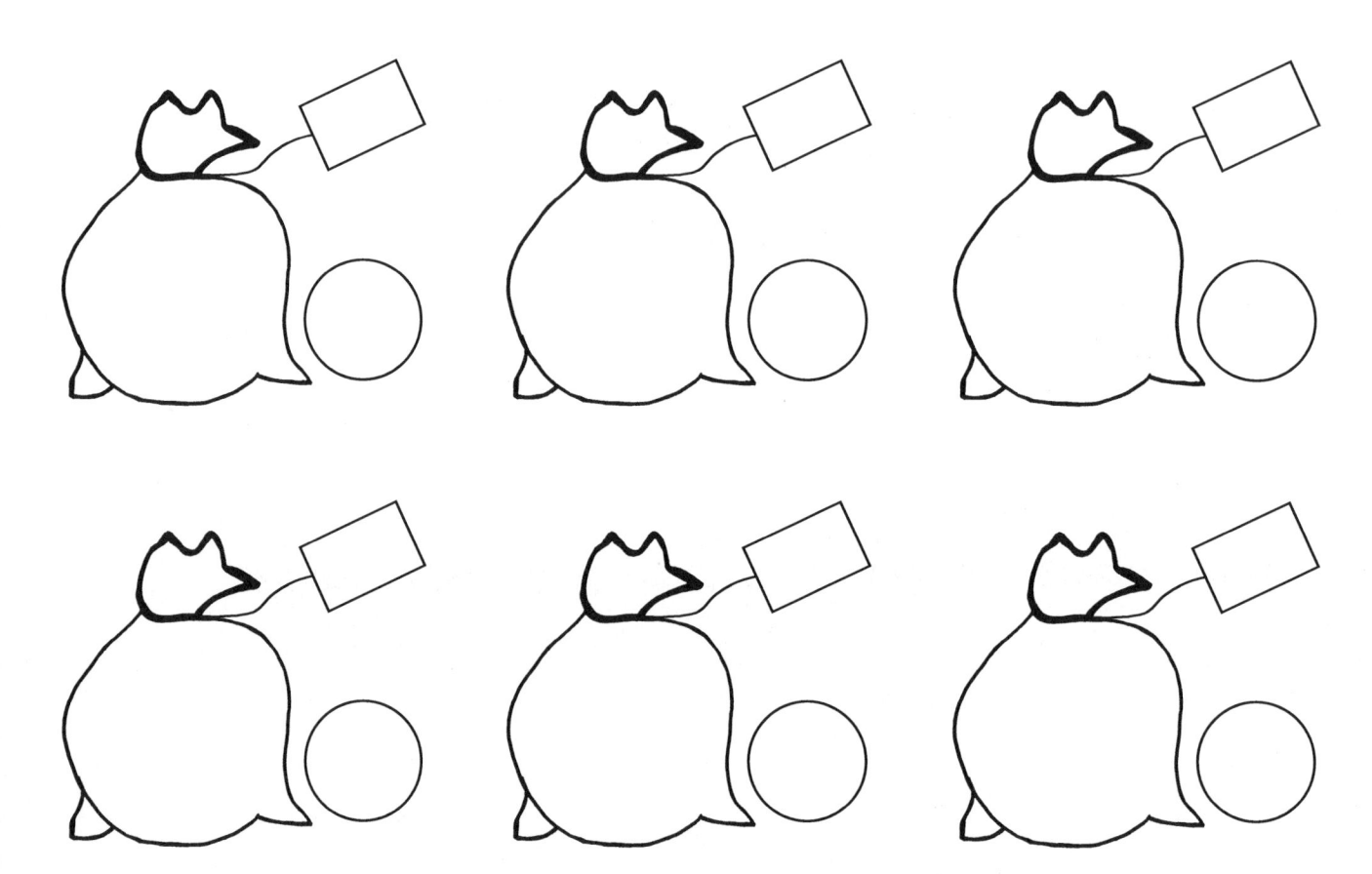

KV 5/3
Blanko

2 Ordne die Zahlen nach ihrer Größe: Beginne dabei mit der kleinsten Zahl.

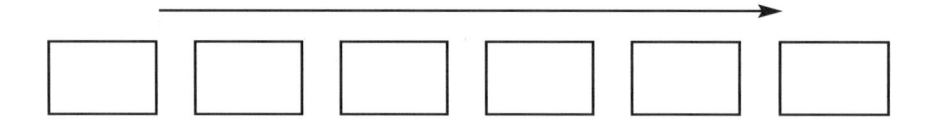

3 Jetzt hat der Pirat viele 5er versteckt.

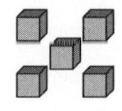

Male die Zahl mit auf und schreibe sie in den Kasten.

Zehn als Doppelfünf

1 Immer zwei Säcke haben gleich viele Edelsteine.
Male sie in derselben Farbe an und schreibe die Zahl in den Kasten.

2 Male die Zahlen mit Würfeln oder Stangen.

15   11   20

Zehn als Doppelfünf

KV 5/5

1 Immer zwei Säcke haben gleich viele Edelsteine.
Male sie in derselben Farbe an und schreibe die Zahl in den Kasten.

2 Male die Zahlen mit Würfeln oder Stangen.

17   10   13

Achtung: Schummel-Alarm!

1 Findest du die Fehler? Streiche die falschen Säcke durch.

2 Male die Zahl mit Zehnerstangen.

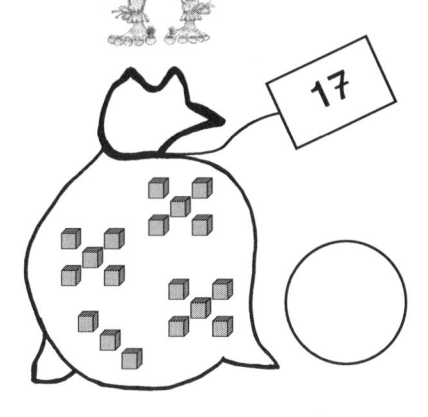

10   20   17

15   16   11

3 Zeige Herrn Schummel, wie es richtig geht. Male die Zahlen.

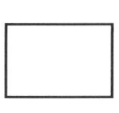

14   18   12

4 Herr Schummel hat Zahlen nach der Größe geordnet. Findest du die Fehler? Schreibe die richtige Reihenfolge darunter. Beginne mit der größten Zahl.

35	5	15	16	30	25	10	0

Blitz-Bingo!

KV 5/7

1 Suche dir ein Feld aus und male das gezeigte Würfelbild hinein.

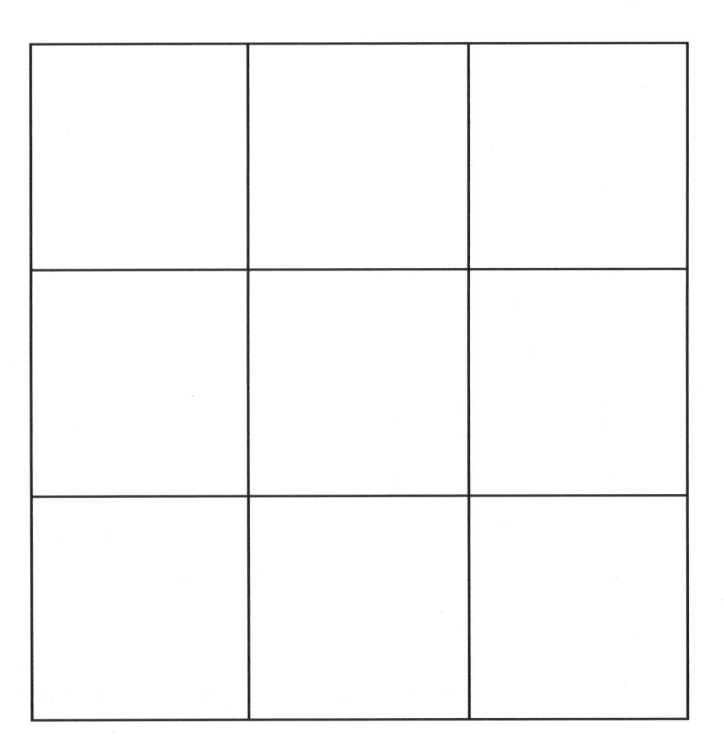

2 Schneide die Kästchen unten einzeln aus.

3 Male die gezeigte Zahl mit Zehnerstange und Fünfer.

4 Findest du die Zahl oben wieder? Lege dort das passende Kärtchen hin. Vielleicht kannst du schon Bingo rufen?

102

Jasmin Jost: Wir erobern den Zahlenraum bis 10
© Persen Verlag

Terzett-Karten

KV 5/8

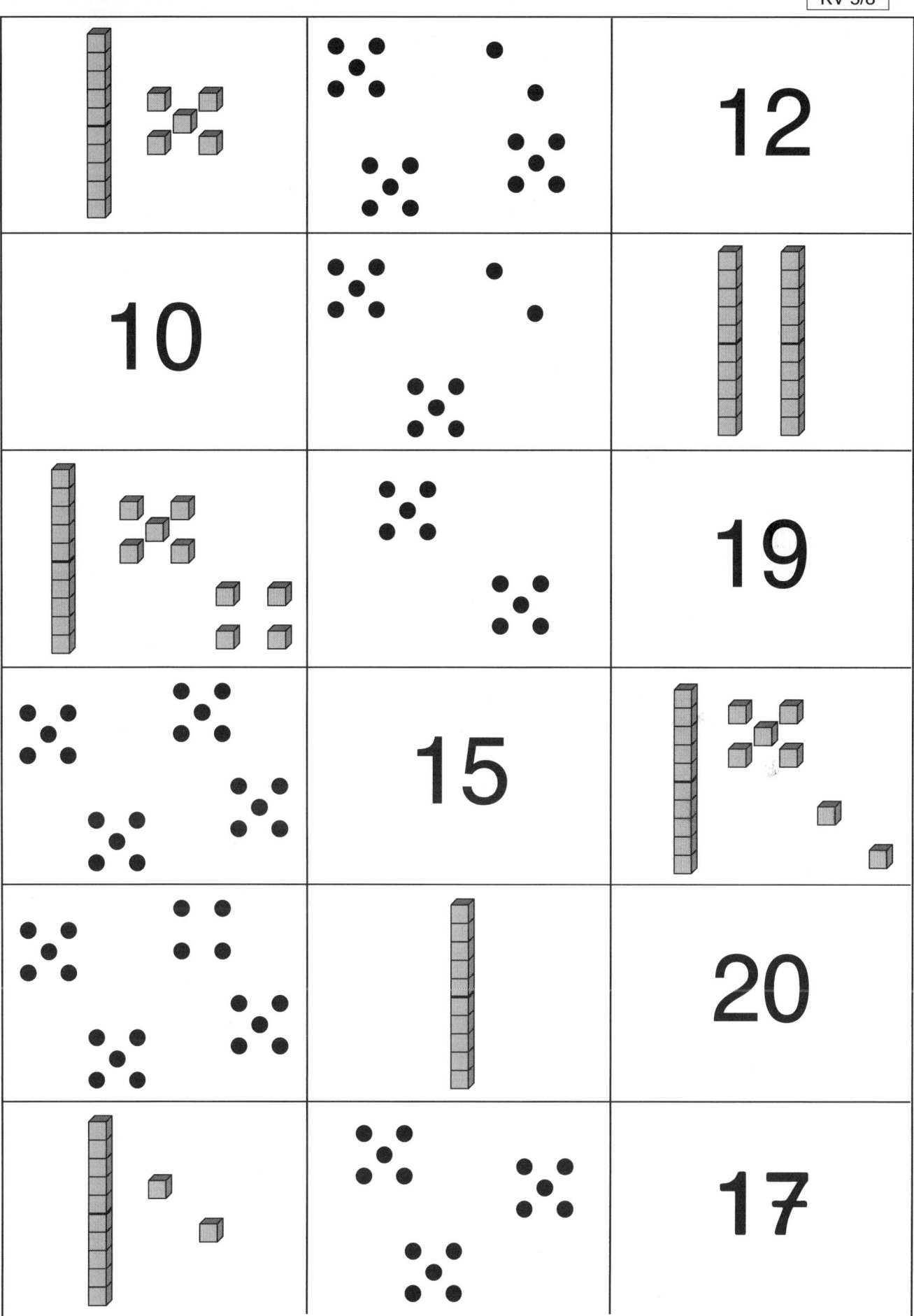

		12
10		
		19
	15	
		20
		17

Von der Zehnerstange wegnehmen

1 Schau genau hin und rechne aus.

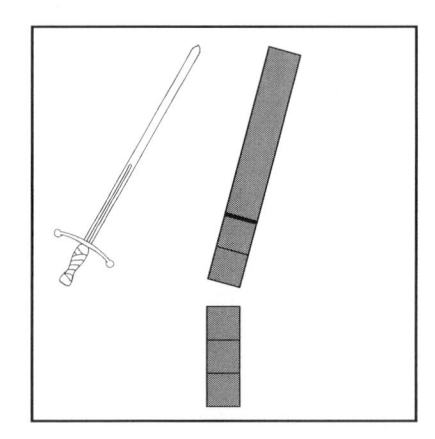

10 – 7 = ____

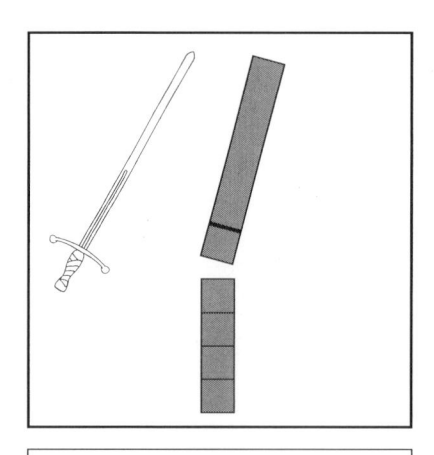

10 – 6 = ____

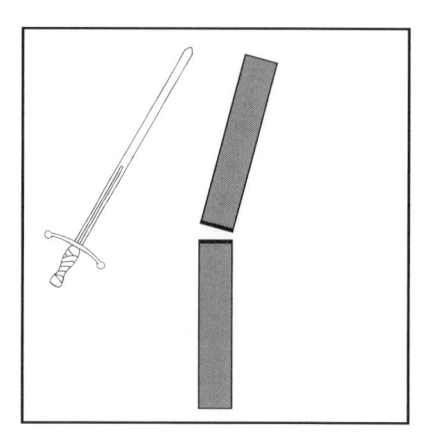

10 – 5 = ____

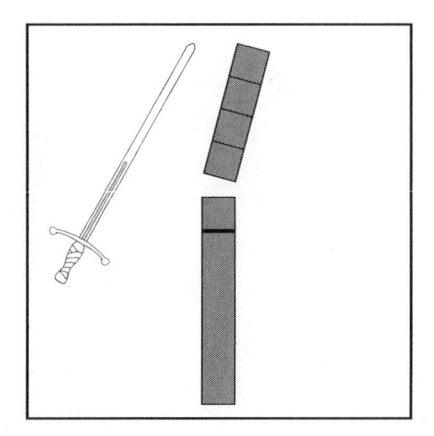

10 – 4 = ____

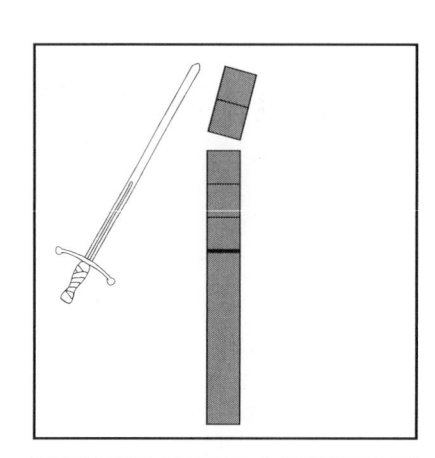

10 – 2 = ____

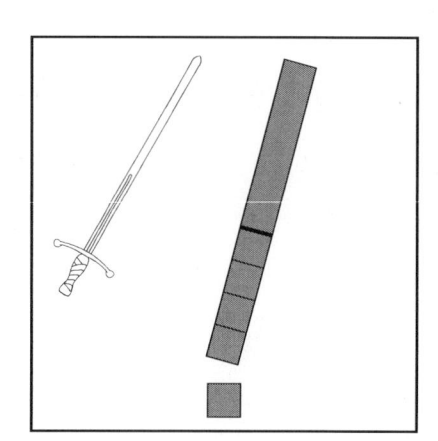

10 – 9 = ____

2 Wie heißt die passende Aufgabe? Schreibe sie darunter und rechne aus.

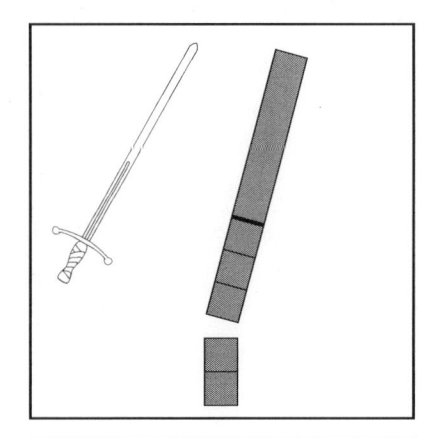

_____

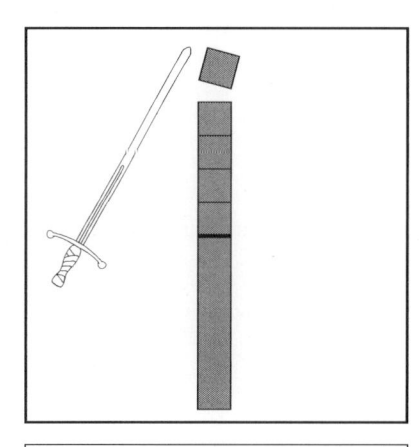

_____

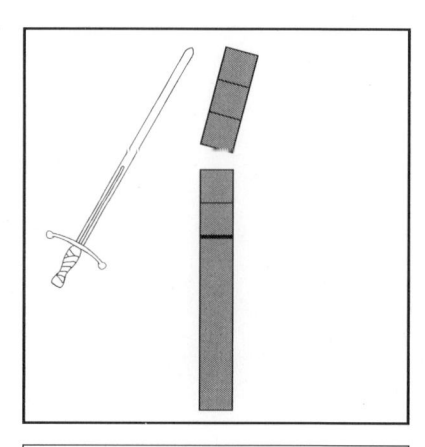

_____

Von der Zehnerstange wegnehmen

1 Schau genau hin und rechne aus.

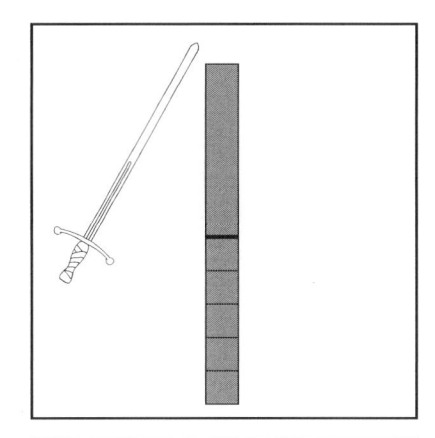

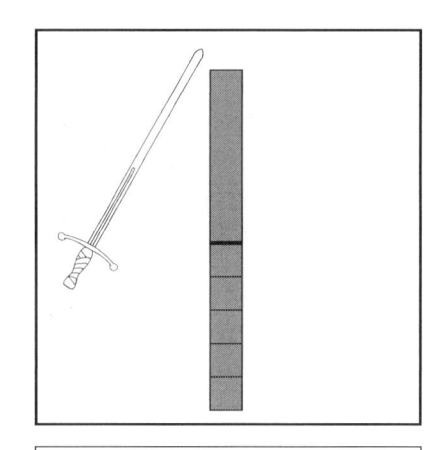

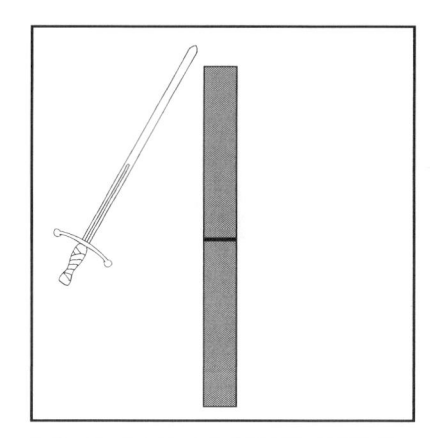

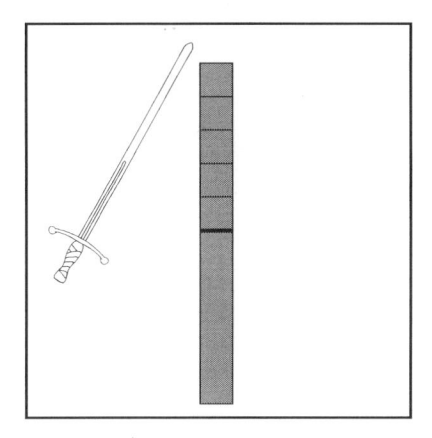

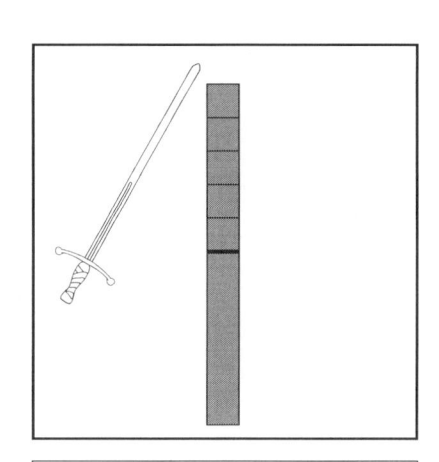

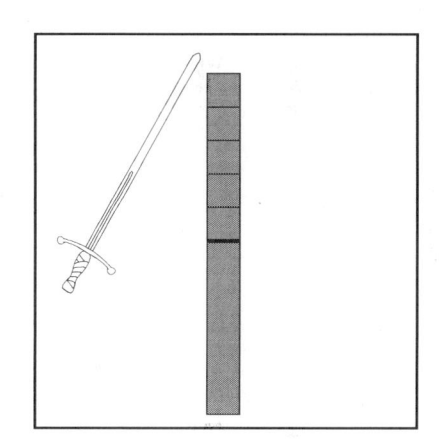

10 − 7 = ____   10 − 6 = ____   10 − 5 = ____

10 − 4 = ____   10 − 2 = ____   10 − 3 = ____

2 Wie heißt die passende Aufgabe? Schreibe sie darunter und rechne aus.

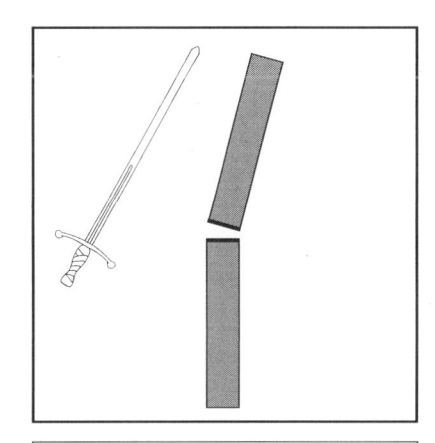

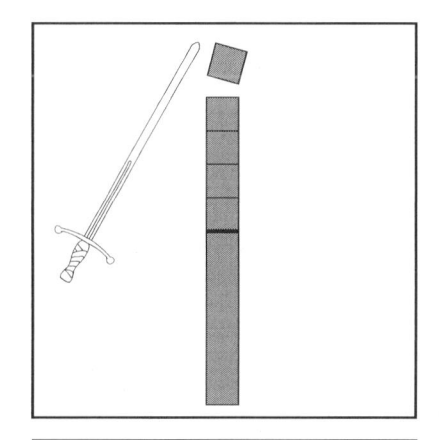

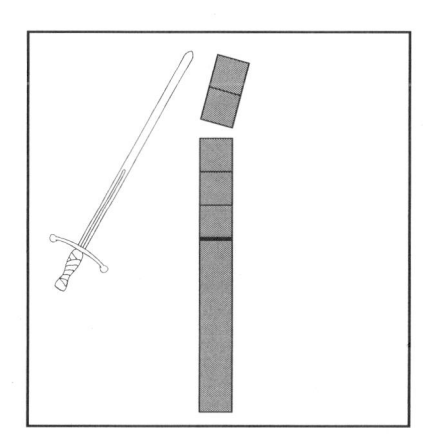

10 − ____ = ____   10 − ____ = ____   10 − ____ = ____

Passerzahlen

KV 5/11

1 Schau genau hin. Wie viel fehlt bis 10?

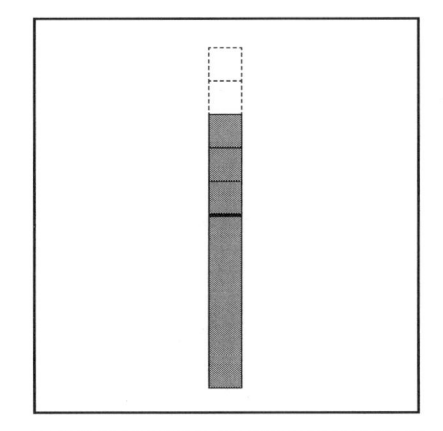

8 + ____ = 10

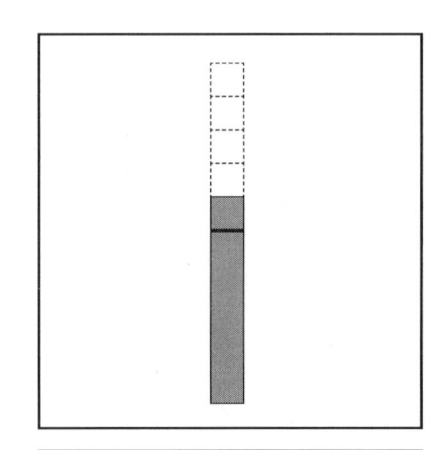

6 + ____ = 10

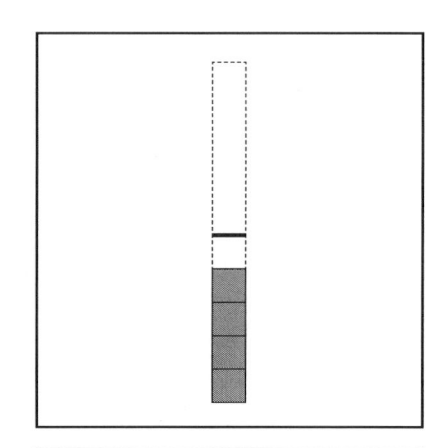

4 + ____ = 10

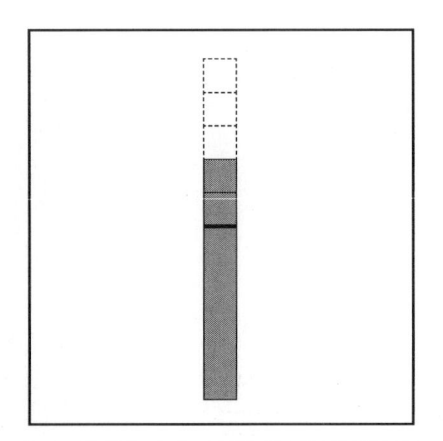

7 + ____ = 10

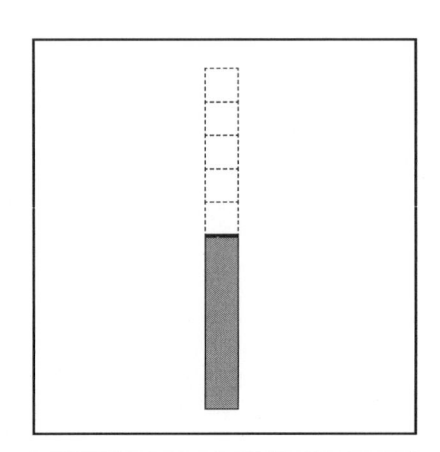

5 + ____ = 10

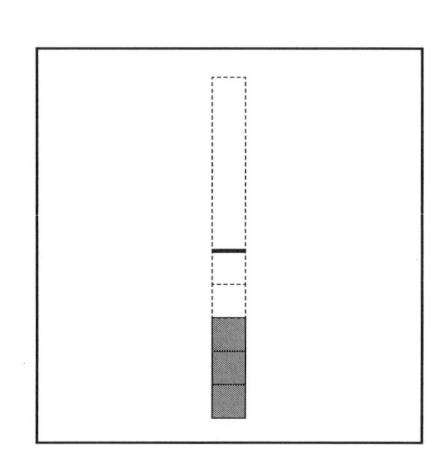

3 + ____ = 10

2 Schau genau hin! Wie heißt die Aufgabe?

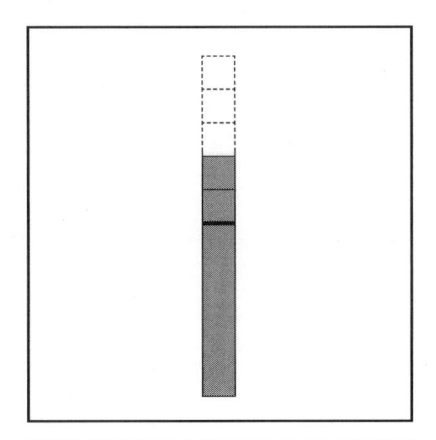

___ + ___ = 10

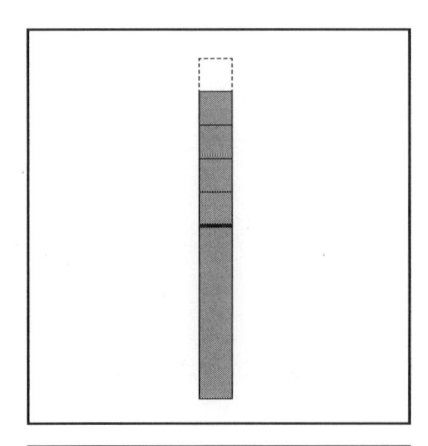

___ + ___ = 10

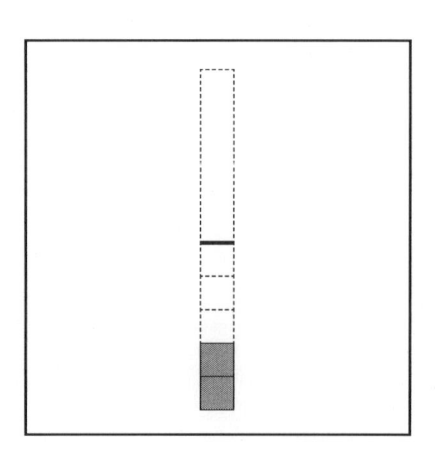

___ + ___ = 10

Passerzahlen

1 Schau genau hin. Wie viel fehlt bis 10?

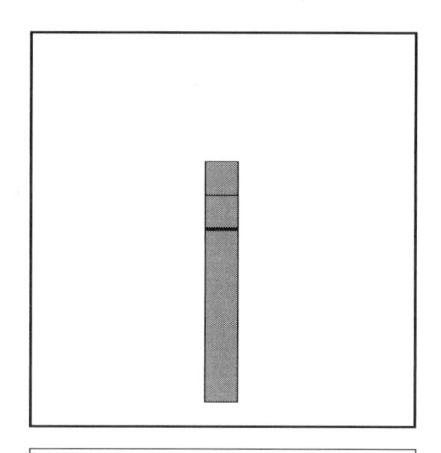

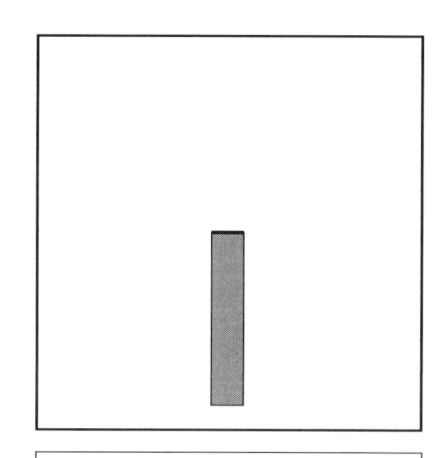

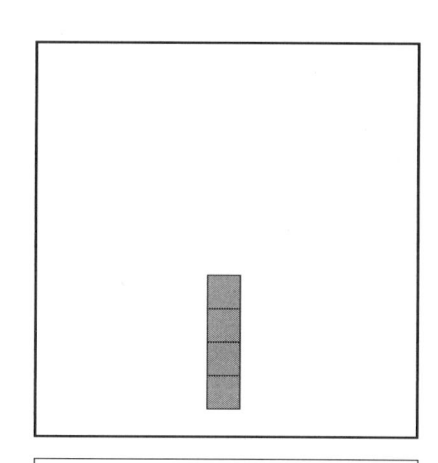

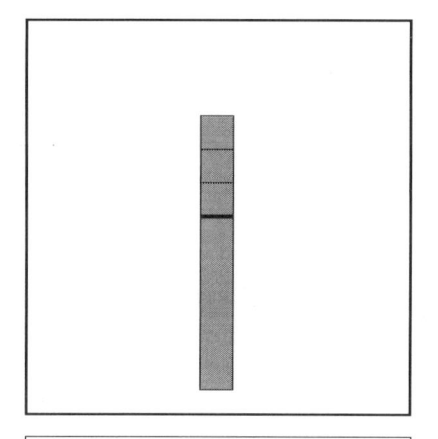

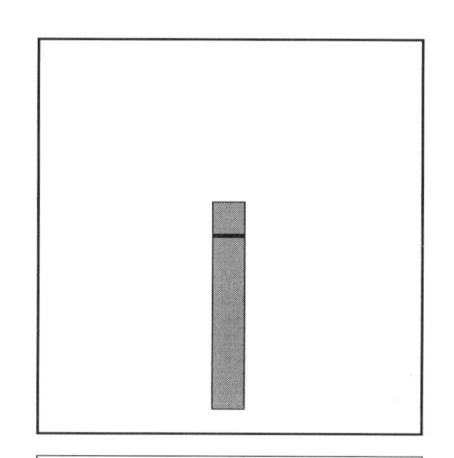

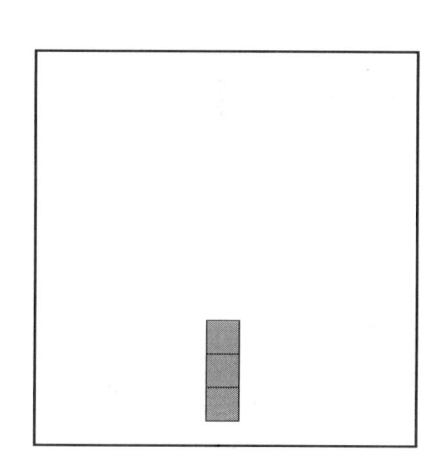

7 + ____ = 10

5 + ____ = 10

4 + ____ = 10

8 + ____ = 10

6 + ____ = 10

3 + ____ = 10

2 10 gewinnt! Was passt zusammen? Verbinde die Passer miteinander.

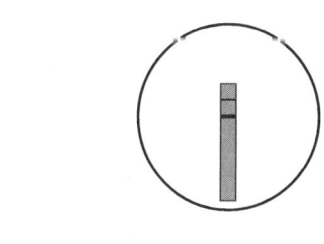

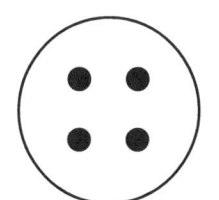

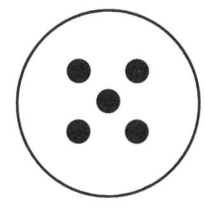

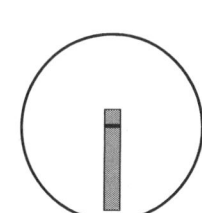

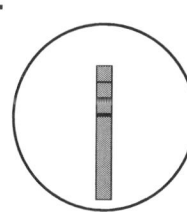

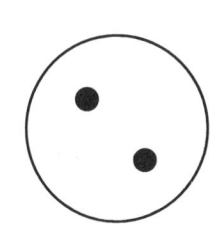

Aktuelle Materialien für Ihren Unterricht!

Tanja Bauer
Orientierung im Alltag für Schüler mit geistiger Behinderung

Wichtige Logos und Piktogramme

Mit diesem Material werden 15 wichtige Logos und Piktogramme aus dem Alltag eingeführt. Dafür stehen Ihnen 15 farbige Präsentationskarten sowie Arbeitsblätter in zwei Differenzierungsstufen zur Verfügung. Zusätzlich sind weitere farbige Arbeitsblätter sowie Spiele zum Ausdrucken auf der CD vorhanden. Das große Plus: weitere farbige Arbeitsblätter, ein Memory und ein Abschlussspiel auf CD sowie ein großes Übersichtsposter.
Apotheke, Post und Bahn – so finden sich die Schüler/-innen im Alltag zurecht!

Mappe, 30 Seiten (inkl. 15 farb. Präsentationskarten), DIN A4, mit CD und 4-farbigem Poster
5. bis 9. Klasse
Best.-Nr. 3487

Arbeitsgemeinschaft Mathematikförderung
Der Wegweiser durch den Zahlenraum bis 100

Arbeitsmittel herstellen und lernzielgerecht einsetzen

Dieses Buch unterstützt Sie, eine Abfolge von Lernzielen aufzustellen und mit passgenauen Materialien den Zahlenraum bis 100 zu erarbeiten. So bietet sich Ihnen eine gute Orientierung, um mithilfe der vorgestellten Materialien strukturiert zu arbeiten. Dabei stehen handlungsorientierte Methoden für unterschiedliche Zugangsweisen im Vordergrund. Ein gelungener Wegweiser durch den Zahlenraum bis 100.
Lernziel und Material perfekt aufeinander abgestimmt!

Buch, 84 Seiten, DIN A4
2. bis 9. Klasse
Best.-Nr. 3507

Barbara Hasenbein, Sonja Küppers
Einfach üben – Schüler mit geistiger Behinderung lesen, schreiben, rechnen
Motivierende Kopiervorlagen für das alltagsbezogene Lernen

Wie Sie aus Erfahrung wissen, brauchen Schüler an Schulen mit dem Förderschwerpunkt „geistige Entwicklung" überdurchschnittlich viel Übungsmaterial, damit sie neuen Lernstoff dauerhaft behalten. Das bedeutet für Sie jede Menge Arbeit! Hier ist dieses Buch mit seinen einfachen, praxiserprobten und sofort einsetzbaren Kopiervorlagen eine zeitsparende Hilfe. Jeweils drei alltagsrelevante Themen aus den Lernbereichen Deutsch und Mathematik sind in ansprechende motivierende Aufgabenstellungen verpackt.
So werden Ihre Schüler Lerninhalte aus Deutsch und Mathe verstehen, üben und später auch anwenden!

Buch, ca. 160 Seiten, DIN A4
Ab 1. Klasse
Best.-Nr. 3526

Viv East, Linda Evans
Von A wie ADS bis Z wie Zerebralparese

Ein schneller Überblick

Mit diesem Buch erhalten Sie einen schnellen Überblick über häufig auftretende Störungsbilder wie ADS, Zerebralparese, auditive Wahrnehmungsstörungen etc. Der kompakten Erklärung zum Störungsbild folgt der Musterförderplan mit konkreten Anhaltspunkten, wie Sie Ihre Schüler individuell fördern können. Dadurch bietet sich Ihnen die Möglichkeit, sofort, sicher und kompetent zu handeln, individuelle Ziele mit den Kindern zu vereinbaren und Schwierigkeiten effektiv vorzubeugen.
Störungsbild und Musterförderplan auf einen Blick!

Buch, 68 Seiten, DIN A4
Ab 1. Klasse
Best.-Nr. 3738

Gabriele Kremer
Lebenspraktisches Lernen: Lebensmittel einkaufen

Materialien für Schüler mit geistiger Behinderung

Viele alltägliche Handlungen müssen von Schülern mit geistiger Behinderung mühsam und kleinschrittig trainiert werden. Umso wichtiger ist es, dass sie das Einkaufen ausführlich einüben und damit an Selbstständigkeit gewinnen. Der Band bietet eine Fülle an direkt einsetzbaren Materialien, um dieses Ziel zu erreichen. So üben Ihre Schüler das Einkaufen beim Bäcker, beim Metzger oder im Supermarkt oder sie stellen selbst Lebensmittel her und lernen, diese richtig zuzuordnen.
Machen Sie die Jugendlichen fit für den Alltag!

Buch, 104 Seiten, DIN A4, z. T. vierfarbig
1. bis 4. Klasse
Best.-Nr. 3206

Unser Bestellservice:

Das komplette Verlagsprogramm finden Sie in unserem Online-Shop unter

www.persen.de

Bei Fragen hilft Ihnen unser Kundenservice gerne weiter.

Deutschland: 040/32 50 83-040 · Schweiz: 052/366 53 54 · Österreich: 0 72 30/2 00 11